시골영어선생,
비트코인 투자로
매월 1억 번다

시골영어선생,
비트코인 투자로
매월 **1억** 번다

구대환 지음

국일 증권경제연구소

추천사

최재용(사단법인 4차 산업혁명 연구원 이사장)

내가 구대환 저자를 처음 만난 건 2년 전이다. 그는 영어 학원을 운영하며 학생들을 가르치고 있었는데 남들과 다른 점은 최신 외국 뉴스를 보며 늘 우리보다 한발 빠르게 정보를 접하고 있었다는 사실이다. 대화를 나누며 그가 인재라는 생각을 하기는 했지만, 막상 비트코인에 관해 설명할 때는 반신반의했다. 그때까지 나는 비트코인이라고 말만 들었지 그것에 관한 자세한 내용까지는 알고 있지 못했으니까.

2017년 가을, 암호화폐 투자 전문가로 우뚝 선 구대환 저자를 다시 만났다. 암호화폐 투자로 성공을 거둔 그가 내심 부럽기도 했다.

늦었지만 지금이라도 저자의 이야기를 귀담아들었고 그가 쓴 원고도 읽게 되었다.

책 속에는 그가 운명처럼 암호화폐를 만나게 된 순간부터 지금까지 어떤 방법들을 통해 현재 암호화폐 투자 전문가로 이름을 높이게 되었는지가 담겨 있다. 또한, 그를 통해 암호화폐 투자를 시작한 지인들, 그리고 그로 인해 행복을 느낀다는 그들의 이야기는 읽는 사람들의 흥미를 끌기에 충분하다.

모든 사용자에게 공개되어 운영한다는 암호화폐. 저자는 유학생 시절에 한국의 부모님으로부터 용돈을 송금받으려면 큰 수수료를 내던 경험이 있었다. 그때부터 시작된 '화폐의 민주적 운용'에 대한 그의 고민이 암호화폐의 특성과 잘 맞아떨어졌기 때문에 지금의 저자를 만들어 준 것이 아닐까.

솔직하고 진솔한 목소리로 말하는 구대환 저자는 어쩌면 이 책을 통해 '돈 버는 방법'이 아니라 '행복해지는 방법'을 보여주는지도 모르겠다.

허창덕(영남대 사회학과 교수)

경제학자인 갤브레이스는 그의 저서《불확실성의 시대》를 통해 현대사회를 이렇게 정의했다. '우리가 그동안 진리라고 여겼던 것들과 이성에 근거한 담론조차 의심스러운 시대'라고 말이다. 이 말은 지금까지 지구상에 존재하는 인류의 삶, 그리고 그들의 물리적·사회적 생태계가 그만큼 흔들리고 있다는 의미일 것이다.

구대환 저자의 책은 불확실성의 시대를 살아가는 우리의 이야기이기도 하다. 우리가 현재 목도할 수밖에 없는 4차 산업사회와 화폐의 관계 변화, 그리고 그것을 누구보다 먼저 읽고 그 세계로 뛰어든 모험과 도전이 담긴 저자의 이야기는 그래서 더욱 생생하게 다가온다.

산봉우리에서 흐른 물은 계곡을 이루고, 다시 강이 되어 마침내 바다를 이룬다. 암호화폐가 등장한 때부터 시장에 뛰어든 저자는 산봉우리를 타고 내려온 그 첫 물이 되었고 이제 강이 되어 바다를 이룰 것이다. 그의 도전이 끝이 아니라 이제 시작인 이유다.

그런 점에서 그의 경험과 실패, 그리고 성공을 담은 이 책이 불확실성의 시대를 살아가는 독자들에게 보내는 '미래 세계로의 초대'라는 것을 조금도 의심치 않는다.

정주필(블록체인타임즈 대표)

2017년 겨울, 지금 세계는 암호화폐 전쟁의 전야와 같은 긴장감이 감돌고 있다. 아니, 전쟁은 벌써 시작된 것일지도 모른다. 이미 우리나라에서는 2017년 8월에 암호화폐 거래량이 코스닥 시장을 앞질러 버렸다.

암호화폐를 바라보는 세계의 움직임도 만만치 않다. 미국, 일본 등 선진국을 비롯해 중진국뿐 아니라 아프리카 등지에서도 핀테크를 선두로 비트코인을 화폐로 인정하는 분위기가 가속되는 아주 중요한 시기를 지나고 있다. 구대환 저자가 2년 전부터 꾸준히 '암호화폐에 기회가 있다'고 알린 것이 이제 빛을 보는 것 같다.

지금까지는 그동안 한 번도 들어보지도 못했던 블록체인이니 비트코인이니 하는 새로운 기술과 용어를 공부하는 시기였다면, 앞으로는 그것들을 통해 우리 가계와 기업에 어떻게 도움이 되고 어떤 이익을 가져올지에 대해 연구하고 공부할 때가 되었다.

이 책은 암호화폐 투자의 '성공 체험담'이면서 '실전 가이드'로 손색이 없다. 한마디로 최고의 비트코인 사례 연구 도서가 될 것이다.

여는 글

　우리는 살아가면서 수많은 선택과 결정의 순간을 마주한다. 그리고 그 선택과 결정을 자신이 한 것으로 믿는다. 그런데 막상 시간이 지나고 돌아보면 '뭔가'에 떠밀려 내린 결정들이 적지 않다. 특히 주변이 숨 가쁘게 돌아갈 때면 더욱 그렇다. 나는 이것을 '결정 당했다'고 표현한다.

　요즘이 특히 그런 때인 것 같다. 비트코인이 난리다. 4차 산업혁명이라는 단어는 벌써 진부한 용어가 되었고, 하루가 멀다고 비트코인을 필두로 암호화폐 이야기가 뉴스를 장식한다. 누구는 비트코인에 투자해 연봉보다 더 많은 돈을 벌었다고 하고, 누구는 광기라고 한다.

　우리를 둘러싼 변화는 이제까지 상상할 수 없을 만큼 급격하게 몰

아쳤고, 누구도 명쾌한 판단을 하지 못하고 있다. 대체 어떻게 해야 변화의 소용돌이 속에서 다가올 미래를 대비할 수 있을까? 나는 그 해답을 알지 못하지만, 분명한 대안을 알고 있다. 어떤 현상이든 그 안의 '본질'을 보는 것이다. 그리고 지금이 바로 비트코인의 본질을 알아야 할 때라고 생각한다.

돈을 빼고 생각하기는 힘든 우리 일상에서 돈의 개념이 바뀌고 있다. 돈의 흐름, 즉 결제수단 자체가 변하고 있다. 비트코인으로 말미암은 돈의 변화가 4차 산업혁명의 핵심이다.

비트코인은 지금까지 화폐에 없던 가치가 있다. 탈권위적이고 탈중앙화한 비트코인의 결제 시스템은 사람들에 의한 민주적인 통제를 할 수 있게 했고, 정부와 중앙은행이 통제하는 통화제도에서 발생하는 돈의 구조적인 문제점을 막을 수 있다. 기술의 변화로부터 시작해 생각의 변화를 끌어내는 비트코인이 가져온 상황이다.

나는 비트코인의 기술적인 면을 모두 이해하는 사람이 아니다. 다만, 다른 사람들보다 비트코인을 일찍 접했고, 오랫동안 고민한 끝에 비트코인과 블록체인 시스템 안에 인문학적인 본질, 즉 사람에 관한 고민이 있다는 것을 느꼈다. 어쩌면 내가 이 책을 통해서 전하고 싶은 진짜 이야기는 '비트코인의 본질'을 보자는 것인지도 모른다. '결정 당하기'보다는 스스로 결정하는 주체가 되어야 한다고 생각하기 때문이다.

딸 민정이와 함께 간 서점에서 우연히 비트코인을 처음 알게 됐고, 3년이라는 시간이 지났다. 그동안 비트코인에 몰입해 암호화폐 거래소를 수도 없이 드나들었고, 집이 있던 대구와 서울을 수차례 오가며 초창기 비트코인 고수라고 하는 사람들도 만나봤다. 거래소를 통한 투자부터 채굴을 시작해 비트코인을 얻었고, 다양한 암호화폐에 장기적인 가치 투자를 했다. 그리고 지금, 나는 비트코인 투자 전문가이자 조언자로서 사람들에게 비트코인을 전하고 있다.

비트코인을 비롯한 암호화폐 투자에 관한 내 생각은 어쩌면 아주 간단하다. 흔들리지 않고 정상을 향해 꾸준히 산을 오르는 것이다. 산을 오르는 길은 여러 곳이 있다. 어떤 길을 가는가는 각자의 선택에 따르는 문제겠지만, 중요한 것은 본질을 보며 제대로 이해해야 한다는 것이다.

짧다면 짧은 지난 3년여의 경험을 여러 사람과 나눠 도움이 되고 싶은 마음으로 시작한 글쓰기였지만, 나의 속살을 드러내는 것 같아 망설이기도 했다. 그러나 비트코인에 관한 잘못된 정보와 편견을 없애는 일에 작은 힘이 될 수 있다면 그것으로 만족한다. 내가 느낀 행복을 나누고 싶어 투자 외에도 이 책을 통해 얻은 수익금의 30%를 어떤 형태로든 사회에 환원하기로 마음먹기도 했다.

부족한 글이지만, 책이 나오기까지 물심양면으로 도와주고 격려해 준 친구들, 동생 지호, 아빠의 부재를 인내해준 초등학생 딸 민정이, 늘 곁에서 힘이 되어주신 어머니, 그리고 동고동락한 이수완 사장님을 비롯해 'BCN F1 Club' 식구들께 감사의 마음을 전한다. 특히 한국소셜미디어진흥원 최재용 원장님께도 깊은 감사를 드린다.

2017년 12월 겨울 초입,
강남역 9번 출구가 내려다보이는 서재에서

구대환

차례

01

시골 영어 선생,
비트코인을 만나다

시골 영어 선생, 비트코인을 만나다

우연히 알게 된 비트코인

비트코인이란 게 도대체 뭘까? 정체가 뭐길래 하루가 멀다 하고 뉴스가 나오고, 나라 전체가 들썩일까? 누구는 돈을 대신할 수 있는 새로운 화폐라고 하는데, 정말 돈처럼 쓰는 사람을 본 적은 없고 누구는 비트코인에 투자해 몇 달 만에 3억 원이 넘는 큰돈을 벌었다고 하는데 나만 가만히 있어도 되는지 혼란스럽다. 비트코인, 이더리움, 리플 등등 종류도 다양한데 도대체 어디서부터 시작해야 할까?

지금도 많은 사람이 비트코인에 관해 궁금해하고 있다. 쉽게 말하면, 비트코인은 암호 체계를 기반으로 한 암호화폐다. 일부 언론에서는 실체가 없다는 이유로 '가상화폐', '전자화폐'라고 하지만, 비트코인이나 이더리움 등 대부분이 암호체계인 블록체인 시스템을 기반으로 한 증명 방식을 취하고 있기 때문에 암호화폐가 정확한 표현이다. 그리고 우리나라에서는 암호화폐 중에서도 상징적인 존재인 비트코인을 제외한 나머지 암호화폐들을 편하게 '알트 코인', 또는 그냥 '코인'이라고 부르기도 하는데, 이것은 영어의 '얼터너티브 코인(Alternative Coin)'을 줄여서 부르는 것이다.

암호화폐 중에서 요즘 말로 가장 '핫한' 비트코인은 2009년 1월 3일, 나카모토 사토시가 개발해 발표한 최초의 암호화폐를 말한다. 비트코인은 국가나 중앙은행이 발행하거나 통제하지 못하는 개인이 주도하는 거래를 기본 유통형태로 하고 있고, 2100만 BTC* 로 발행량이 한정된 것이 특징이다.** 지금까지는 약 1600만 BTC가 발행되어 있다. 불과 2016년 초까지만 해도 나는 구미에서 작은 영어 학원을 운영하던 '시골 영어 선생'이었다. 컴퓨터에 관해서도 잘 알지 못했던 내가 암호화폐나 4차 산업혁명 같은 것들을 잘 알 리가 없었다. 원래 기민하게 돈을 좇던 성격도 아니었던 데다가 대학 시절부터 항상 사유

---

* 비트코인(Bitcoin)의 단위. BTC라고 표기한다.
** 비트코인은 21만 BTC가 될 때마다 채굴량이 50%씩 줄어들게 되어 있다. 이것을 '반감기'라고 하는데, 보통 4년을 주기로 반감기가 온다. 처음 50 BTC의 채굴이 시작된 2009년 1월 이후 첫 반감기는 2012년 11월 28일 25 BTC, 두 번째는 2016년 7월 10일의 12.5 BTC, 세 번째 반감기는 2020년 7월로 예상한다.

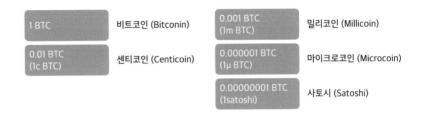

1 BTC	비트코인 (Bitconin)
0.01 BTC (1c BTC)	센티코인 (Centicoin)
0.001 BTC (1m BTC)	밀리코인 (Millicoin)
0.000001 BTC (1μ BTC)	마이크로코인 (Microcoin)
0.00000001 BTC (1satoshi)	사토시 (Satoshi)

비트코인 단위

하는 것을 좋아했고, 누군가는 나에게 '사람 좋다'는 말을 하기도 했다. 능력은 부족했지만 언젠가는 '도움이 되는 사람'이 되고 싶었다. 그러던 내 인생이 우연히 알게 된 비트코인 때문에 급변하기 시작했다. 직감적으로 비트코인이 미래를 대비할 기회라는 생각이 들었고, 내 예상은 지금까지 맞아 들고 있다.

내가 이 책을 쓰는 이유는 급변하고 불확실한 미래에 여러분이 잘 대응하고, 나아가서는 비트코인을 비롯한 암호화폐가 열어갈 세상이 다시 오지 않을 기회임을 명확히 알려드리고 싶기 때문이다. 부디 분명한 시각으로 지금 벌어지는 비트코인 현상을 바라보고, 흐름과 본질을 알게 하는데 작게나마 도움이 되었으면 하는 마음이다.

나는 학원수업이 일찍 끝나는 날이면 늘 초등학생 딸아이와 산책을 다니곤 했는데, 여유로운 산책길 끝엔 항상 서점에 들러 딸아이와 이런저런 책을 구경하는 것이 큰 낙이었다. 2015년 9월의 어느 날, 여느 때처럼 학원 수업을 마치고 딸아이와 함께 산책하러 나가 서점에

들렀다. 딸아이는 아동 도서 코너에서 좋아하는 책을 보고 있었고, 경제 분야를 둘러보던 나는 새로 나온 신간 도서를 찾던 중 '비트코인'이라는 단어가 있는 책들을 보게 되었다. 비트코인이라면 뉴스를 통해 알고 있던 단편적인 지식이 전부였다. 단순히 인터넷상에서 쓰이는 암호화폐라고만 알고 있던 나는 호기심이 발동해 책을 집어 들었다.

선 채로 책을 몇 장 넘겨보니 '블록체인 시스템'과 이를 기반으로 한 '암호화폐' 이야기 등 선뜻 이해가 가지 않는 내용이었다. 하지만 평소에 관심 있던 경제 상황과 관련해 블록체인과 암호화폐의 미래를 그린 부분에 눈이 갔다.

한참을 서서 책을 보던 나는 읽는 것을 멈추고 책을 제자리에 내려놓았다. 그리고 갑자기 등장한 비트코인이 어떻게 경제 상황을 바꿀지 혼자 생각해보기로 했다. 비트코인의 기반인 블록체인 같은 기술적인 부분을 설명한 것은 당장 이해하기 힘들었지만, 이것이 돈으로 쓰인다면 사람들의 경제생활에서 동떨어진 내용일 수는 없기 때문이었다.

나는 책을 읽고 저자의 생각에 갇히기보다는 먼저 나만의 상상과 추측을 통해 비트코인의 경제적 의미를 찾고 싶었다. 그래서 대략적인 개념만 먼저 체크한 뒤 혼자만의 사유 속에서 비트코인을 이해하고 싶었다. 화폐로 쓸 수 있는 새로운 개념의 돈이면서 인터넷을 통해 서로 결제하는 시스템은 어떤 필요로 만들어졌을까? 처음 탄생한 비트코인이 어떻게 1 BTC 당 30달러라는 가치가 매겨졌을까? 금이라면 각종 장신구나 공업용으로도 쓰임이 많아 귀한 금속이라는 가치가 담겨 있지만, 물리적으로 실체가 없는 비트코인에 누가, 어떻게 가치를 매기고 거래되는 걸까? 수많은 질문이 꼬리를 물고 이어졌고, 사람들이 비트코인을 거래하는 이유를 알고 싶었다.

그로부터 며칠 동안 그 이유에 대한 답을 찾기 위해 화폐에 관한 생각부터 하기 시작했다.

비트코인, 돈이 되다

역사적인 비트코인 첫 거래는 2010년 5월, 미국에서 일어났다. 당시 플로리다 잭슨빌에 사는 'laszlo'라는 유저가 비트코인 포럼에 1만

비트코인을 지급할 테니 피자 2판을 보내달라고 한 것이다. 그는 자신이 갖고 있는 비트코인이 실제로 사용할 수 있는지 확인하고 싶었다.

당시 그가 제시한 1만 BTC의 시세는 약 40달러였고, 그

1 BTC는 2017년 12월 초 기준 약 14,000달러(한화로 약 1,540만 원)다.

22

가 주문한 라지 사이즈 피자 두 판은 30달러면 살 수 있었다. 실제로 포럼의 유저 한 사람이 피자 두 판을 배달해주고 1만 BTC를 받아 비트코인의 첫 실물거래가 성사되었다. 이미 유명한 '피자 데이' 에피소드다.

그로부터 7년이 지난 2017년 12월 초 현재 비트코인은 1 BTC당 14,000달러를 돌파했다. 첫 거래보다 무려 200만 배가 넘는 금액이다. 라지 사이즈 피자 두 판으로 따지면 한 판에 7백만 달러가 넘는다는 얘기다. 원 달러 환율을 1,100원으로만 계산해도 한화로 약 770억 원! 세상에서 가장 비싼 피자다.

누군가 무작정 블록체인 시스템을 이용해 암호화폐를 만들었다고 해서 그것이 돈으로 쓸 수는 없을 것이다. 돈으로 유통되기 위해서는 사람들이 그 가치를 인정해야 비로소 가능한 것인데, 과연 비트코인이 무엇이기에 이렇게 큰 가치상승을 끌어냈을까? 비트코인이 단순한 디지털 화폐가 아닌 것만은 확실하다.

비트코인은 미래의 화두인 4차 산업혁명의 핵심인 블록체인 시스템을 기반으로 하는 암호화폐다. 비트코인이 '투자 대상'이거나 '통용되는 돈'이 되기 위해서는 반드시 '가치'를 부여받아야 한다. 그리고 가치를 부여받을 수 있는 가장 중요한 이유는 바로 블록체인 시스템이다.

사람들이 인정한 블록체인 시스템, 그리고 거기에서 가치를 부여받은 비트코인은 기존의 법정화폐를 대신할 수 있는 대체재이기도 하다. 화폐를 대신 한다는 건 매우 중요한 부분인데, 더 쉽게 이해하기 위해서는 비트코인을 들여다보기 전에 먼저 우리 사회에서 쓰이는 법정화폐에 관해 알아야 한다. 고리타분한 화폐의 역사를 말하는 게 아니다.

단순히 기술적인 내용을 보는 것을 넘어 급변하는 비트코인 자체가 하나의 현상임을 이해하기 위해서는 기존 화폐제도가 가진 특징과 속성, 그리고 모순점을 먼저 이해할 필요가 있는 것이다.

비트코인이 생긴 이유: ① 돈이 변하고 있다

우리가 세상을 살아가며 중요하게 여기는 것은 생명이다. 그다음 순서로 돈을 꼽는 사람이 많다. 존엄한 가치인 생명 다음에 물질주의의 상징일 수 있는 돈을 들어 어색하고, 물론 돈이 전부가 아니라는

진부한 생각도 있겠지만 돈은 여러모로 우리 삶을 편하게 만든다. 이것을 부정하는 사람은 없을 것이다.

나는 개인적으로 돈이 산소와 같다고 생각한다. 우리가 사는 현대 사회에서 의식주를 해결하는 데 있어 가장 중요한 것이 바로 돈이기 때문이다. 돈이 없다면 쾌적한 환경에서 여유롭게 살아가기도 어렵다. 그래서 사람들이 돈에 집착하고, 돈을 벌기 위해서 오늘 하루도 끊임없이 움직이고 생각한다.

그런데 삶을 영위하기 위해, 그리고 우리 생활에서 빼놓을 수 없는 돈이 지금 변하고 있는 것이다. 비트코인을 필두로 각종 암호화폐의 출현으로 말미암아 일어나는 변화의 바람은 그야말로 정신을 차릴 수 없을 정도로 매우 급격하게 불고 있고, 우리는 그 소용돌이의 한가운데 서 있다. 그 속에서 떨어져 나가지 않으려면 새로운 변화의 시스템이 어떻게 작동하며 우리 삶을 어떻게 바꿀 것인지 알아야 한다. 그러나 무엇보다도 먼저 돈이 어떻게 변하고 있고, 앞으로 어떻게 바뀌는지 이해하는 것이 더 중요하다. 우리가 준비하지 못하면 다른 사람들보다 어렵고 힘들게 살아갈 수밖에 없기 때문이다.

학교에서 배운 대로, 사람들이 쓰기 시작한 최초의 화폐는 조개껍데기다. 물물교환으로 이루어지던 초보적인 경제행위는 화폐를 쓰기 시작하며 비약적으로 발전했는데, 그 역할을 했던 것이 바로 조개껍데기다.

조개껍데기는 바닷가나 강가에 흔하게 널려있었는데, 아무 조개껍데기나 주워 화폐로 쓸 수는 없었다. 당연한 말이다. 어디서든 주울 수 있는 것이라면 화폐로서의 가치와 의미가 부여되지 않았을 것이다.

화폐로 쓰이는 조개껍데기는 특별하게 생겼거나 그것을 사용하는 경제적 구성원들이 모두 인정할 수 있어야 했다. 그래야 화폐로서의 가치가 생기고, 그 기능을 할 수 있었다. 이후 시대가 발전하면서 화폐의 형태는 조개껍데기에서 금, 은 같은 귀금속으로 바뀌었고, 나중에는 국가적으로 동전을 주조해 사용하기 시작했다. 이것을 '금속화폐'라고 하는데, 금속화폐는 쉽게 부서지거나 색이 바뀌는 조개껍데기와는 달리 형태의 훼손이 적고, 품질과 생산이 안정적이었기 때문에 가치가 쉽게 변하지도 않았다. 화폐가 발달함에 따라 경제활동도

초기의 화폐로 쓰인 조개껍데기

활발해지자 금속화폐의 단점이 하나둘 드러나기 시작했는데, 가장 큰 문제는 금속의 채굴량이었다.

금속화폐를 만들기 위해서는 광산에서 지속해서 금속을 채굴해야 했는데, 그 양이 일정치가 않아 화폐제도 자체가 흔들릴 위험이 있었다. 또 경제활동이 활발해지면서 대규모의 거래가 이루어질 때는 무거운 금속화폐를 운반하기도 어려웠다. 결국 이런 단점들을 보완하기 위해 근대에 이르러 보다 간편한 종이 화폐, 즉 '지폐'가 등장하게 되었다.

처음 등장한 지폐는 언제든지 같은 값의 금과 1:1로 교환할 수 있도록 국가에서 담보했고, 이것을 '태환화폐'라고 한다. 즉 '종이'에 불과한 증서에 금의 가치를 부여해 가치를 일정하게 유지한 것이었다. 곧 금의 가치를 부여한 종이가 '돈'이 된 것이다.

중세 영국에서는 금과 종이 증서(지폐)를 바꿔주는 환전상들이 많았으며, 이들이 영국의 경제를 주도했다. 이 환전상들은 금을 거래하는 거래상이기도 했는데, 현대의 금고처럼 튼튼한 궤를 가지고 있었기 때문에 금, 은, 귀중품 등을 안전하게 보관할 수 있었다.

우리가 은행에 현금을 맡기듯 당시에는 가지고 있던 금을 환전상에게 맡기고, 그 증서를 받아 화폐로 사용했다. 이 증서가 곧 '돈'이라는 인식이 생겼고, 굳이 금을 사용하지 않아도 경제활동에 불편함이 없었다. 시간이 지나며 사람들은 무겁고 보관하기도 어려운 금을 대부분 환전상들의 증서로 바꾸게 되었고, 환전상들은 많은 금을 보유하게 되었다. 그런데 여기서 구조적인 문제가 생겼다. 환전상들이 보관하고 있던 금을 다른 사람에게 빌려주면서, 그에 따른 이자까지 받은 것이다.

예를 들어 A라는 환전상이 보유한 금이 100이라고 하면, 환전상이 빌려줄 수 있는 금은 자기가 가진 100이 전부여야 한다. 그런데 A 환전상이 금을 담보로 발행한 100의 가치가 있는 화폐가 시중에 풀렸고, 그 화폐를 예금으로 받은 시중 은행은 그 돈을 다시 제삼자에게 빌려줬다. 제삼자는 다시 그 돈의 이자를 붙여 또 다른 사람에게 빌려주는 제4자에게 빌려주는 일이 생긴 것이다. 이런 식의 구조는 실제로 시중에 발행된 100이라는 화폐가치를 몇 배 넘어서는 '화폐 버블'을 초래했다. 이렇게 화폐의 모순적 구조가 드러나게 되었는데 가깝게는 2008년 발생한 미국발 금융위기의 버블 역시 화폐제도가 가진 구조적 모순에서도 야기된 된 문제였다.

비트코인이 생긴 이유: ② 탈중앙화

현대사회에 접어들며 각 국가는 자기 나라의 지폐를 만들어 유통하고 있다. 나라마다 고유 화폐를 만들어 유통하는 것인데, 이것을 '법정화폐'라고 하며 곧 그 나라의 경제 주권을 상징한다. 화폐를 만들지 못하는 나라는 다른 나라의 화폐를 통화로 지정하게 되고, 통화정책 역시 다른 나라에 의존하게 되어 사실상 경제 주권이 사라지게 된다. 만약 화폐를 발행하는 국가가 호황기에 접어들어 통화량을 줄인다면 그 나라의 화폐를 통화로 쓰는 다른 나라는 자기들의 경제가 호황기인지 불황기인지와 상관없이 경기 자체가 위축한다.

이것은 세계의 기축 통화 역할을 하는 미국 달러화를 봐도 알 수 있다. 초기에 발행된 달러화 역시 금과 1:1로 교환할 수 있는 태환화폐였다. 미국은 달러화에 대한 가치를 국가적으로 담보하고, 제2차 세계 대전 당시 유럽에 막대한 원조를 쏟으며 달러화의 영향력을 높여갔다. 이후 석유를 결제할 때도 달러를 결제 화폐로 쓰게 함으로써 화폐의 신뢰도는 물론 늘어난 유통량으로 전 세계의 기축통화가 되었다.

기축통화의 지위에 오른 미국 달러화가 세계 금융권에 드리운 어두운 그림자가 바로 2007년 발생한 서브프라임 모기지 사태다. 이러한 징조는 미국이 경기 부양을 하겠다는 목표로 초저금리 정책을 내놓을 때부터 예견된 것이기도 했다. 미국은 2000년대 초반부터 경기를 살리기 위해 낮은 금리 위주의 정책을 폈고, 대출 금리가 낮아지자 너도나도 대출을 받아 부동산을 구입했다.

수요가 늘자 미국의 부동산 가격은 하늘 높은 줄 모르고 올랐는데, 대출을 상환하지 못하더라도 오른 부동산을 처분해 충분히 손실을 보전할 수 있었기 때문에 미국의 금융계는 손해를 보지 않았을 뿐만 아니라 확실한 수익을 낼 수 있는 상품이 되었다.

그러나 미국이 저금리 기조를 벗어나자 부동산 가격은 일제히 하락하기 시작했고, 저소득층부터 대출금을 감당하지 못하는 상황이 벌어졌다. 이런 과정에서 서브프라임 모기지론을 금융상품화 해서 수익을 추구하던 기업들이 하나둘 손실을 보며 파산하기 시작했다. 파산하는 기업들이 늘며 신용경색이 연쇄적으로 이어지자 급기야 미국의 경제가 흔들리면서 세계적인 금융위기까지 번지게 된 것이다.

법정화폐의 중앙집권적 시스템이 가져온 폐해기도 하나 물론 이런 현상을 예측하지 못한 것은 아니다. 단지 대응할 적절한 수단을 만들지 못했기 때문인데, 이제 해법을 찾은 것으로 보인다. '분산, 공유'를 중심 개념으로 한 비트코인이 등장했기 때문이다.

비트코인이 생긴 이유: ③ 화폐가치가 떨어졌다고?

앞에서 화폐의 구조적 문제점을 살펴봤는데, 그 외에도 지속해서 화폐가치가 떨어진다는 문제도 비트코인 탄생 이유 중 하나라고 본다. 경제를 공부하지 않은 사람이라도 가장 기본적인 경제 원리는 잘 알고 있을 것이다. 기본적으로 어떤 시장에 특정 물건의 공급이 많으면 그 물건의 가치는 하락하게 된다. 사람에게 꼭 필요한 소금은 예로부터 매우 귀했는데, 연중 일조량이 많아 소금 생산이 늘면 값이 내려가고, 비가 많이 와 생산이 적어지면 값이 올라가는 것과 같다.

화폐 역시 마찬가지다. 시중에 많은 돈이 풀리면 화폐가치가 하락하게 된다. 실제로 우리나라도 돈의 가치가 이전보다 많이 하락하였다. 주부들이라면 잘 알겠지만 이른바 장바구니 물가만 보더라도 확실히 알 수 있다. 몇 년 전에는 1만 원으로 살 수 있는 것들이 제법 있었지만, 지금은 같은 1만 원이라도 살 수 있는 물건이 크게 줄었다.

물가가 오르는 이유는 시중에 풀린 돈, 즉 통화량이 늘었기 때문이다. 통화량이 늘어 돈의 희소성이 떨어지면 그만큼 돈의 가치가 하락하는 것이다. 그리고 이 돈이 투자시장으로 유입되는 일이 많아진다. 돈의 가치가 하락한다는 것은 미래에 대한 불확실성 때문이기도 하다.

2009년 탄생한 비트코인은 화폐의 기능은 물론 기존의 화폐가 가진 구조적인 모순을 타계하는 유용한 수단이기도 하다. 비트코인이 화폐로 쓰일 수 있는 조건을 두루 갖고 있는데 첫째로 교환의 대상이 될 수 있다는 점, 둘째로 대중적으로 쓰이고 그 양이 충분하다는 점, 셋째로 안정적인 가치를 가진다는 점이다.

시골 영어선생, 비트코인을 만나다

도대체 비트코인은
어떻게 생겼나?

도대체 비트코인은 어떻게 생겼나?

비트코인의 아버지, 나카모토 사토시

비트코인을 만들었다고 알려진 나카모토 사토시는 지금 이 순간도 확실한 정체를 드러내지 않고 있다. 일본식 이름을 쓰고 있지만, 그가 일본인이라는 증거는 아무 곳에도 없다. 그러나 그가 2008년 인터넷상에 발표한 논문에서 비트코인이 탄생했다는 것은 의문의 여지가 없는 사실이다.

화폐를 대신할 수 있는 비트코인이 탄생한 배경은 지금까지 살펴본 것처럼 중앙집권적인 화폐의 문제점에서부터 시작됐다. 이런 내용은 비트코인의 창시자인 나카모토 사토시의 논문에도 잘 드러나 있다. 전문적인 내용이 많아 일반 독자들이 이해하기 어려울 수 있으므로 그가 발표한 논문의 주요 내용을 소개하며 풀어본다.

물론 여러분들이 이 논문의 내용을 모두 이해할 필요는 없다. 내가 강조하고 싶은 것은 비트코인이 무엇 때문에 생겼고, 기존의 화폐제도에 대한 어떤 물음을 던지는지 그 본질을 소개하고 싶기 때문이다. 논문 중에서 소개할 부분은 지금의 화폐제도와 금융 시스템의 문제점을 짚고, 그 대안으로 블록체인 시스템을 제시하는 내용이다.

나카모토 사토시가 발표한 논문

서문

개인과 개인 간의 전자화폐는 금융기관을 거치지 않고 직접 온라인 지급을 가능하게 할 것이다. (지금의 온라인 지급은) 디지털 서명 기술이 일부 해결해주지만, 믿을 수 있는 제삼자가 이중지급을 방지해야 한다면 그 주요한 장점은 사라지게 된다. 우리는 이 논문에서 P2P 네트워크를 이용한 이중지급 문제를 해결할 수 있는 방법을 제안하고자 한다.

(지금까지) 계속 진행되고 있는 암호화 기반 작업증명 과정의 블록체인에서 네트워크 시간과 거래를 암호화해 (거래)기록을 생성하게 되면, 작업증명 과정을 (처음부터) 되풀이하지 않는 한 바꿀 수 없게 된다. 가장 긴 체인은 각 사건 순서를 입증해주기도 하며, 가장 많은 컴퓨터 (사용자들이 그 작업을) 입증했다는 뜻이기도 하다.

(하략)

도대체 비트코인은 어떻게 생겼나? 02

1. 서론

인터넷에서의 상거래는 거의 금융기관을 제삼자 신용기관을 통한 지급 방식에 전적으로 의존하게 되었다. 대부분의 거래에 시스템은 충분히 작동하고 있지만, 여전히 신용기반 모델이라는 내재적 약점을 갖고 있다. 완전히 취소 가능한 거래는 사실상 불가능한데, 금융기관은 거래상의 분쟁을 중재하는 일을 피할 수 없기 때문이다. 이러한 중재 비용은 결국 거래 수수료를 올리고, 실질적인 최소 거래금액을 제한하여 소액 거래의 가능성을 막는 데다가, 회수가 불가능한 서비스까지도 번복 가능한 지급을 하게 만들어 더 많은 비용을 발생시킨다. 즉, 지급 번복을 위해 더 많은 신용을 요구하게 된다.

(하략)

2. 거래

우리는 전자 화폐를 디지털 서명의 연속으로 정의한다.

(중략)

문제의 과정은 돈을 받는 사람은 소유자 중 한 명이 이중지급을 하지 않았는지 검증할 수가 없는 상황에서 발생한다. 공통적인 해법은 각 거래가 이중지급이 되었는지 신용해주는 중앙기관을 도입하는 것이다.

(중략)

이러한 방법의 문제는 화폐 시스템 전체가 바로 은행 같은 중앙기관에 모든 거래 내역이 거쳐 가도록 해야 한다. 결국 돈을 받는 사람이 이전 소유자가 그 전에도 어떤 거래에도 서명을 하지 않았는지를 확인할 방법이 필요하다. 그러려면 가장 먼저 일어난 거래 내역을 찾기만 해도 그 이후에 이중지급을 시도했는지 확인할 필요가 없게 된다.

거래 내역이 하나라도 비어있는지 확인하는 유일한 방법은 모든 거래 내역을 살펴보는 것이다. 바로 찍어낸 화폐를 기반으로 한 모델에서는 모든 거래를 확인하고 어느 것이 먼저 이뤄졌는지를 결정하면 된다.

신용기관을 통하지 않고도 이런 방법을 가능하게 하기 위해서는, 모든 거래가 공개적으로 알려져야 하고, 참여자들이 시간 순서에 따라 단일 거래내역으로 수용하는 시스템이 필요하다. 돈을 받는 사람은 거래할 때마다 **과반수 이상의 노드들이 최초의 거래라고 인정해주는 시간 증명이 필요하게 된다.**

(중략)

.
.
.

도대체 비트코인은 어떻게 생겼나? 02

12. 결론

지금까지 신용에 기반을 두지 않은 전자 거래 시스템을 제안하였다. 디지털 서명으로 이뤄진 일반적인 화폐 구조에서 출발했다. 소유권을 강력히 제어하는 방법을 제공하지만 이중지불을 방지할 방법이 없이는 완벽하지가 않다. 이러한 문제를 해결하기 위해, 과반수의 컴퓨팅 파워를 정직한 노드들이 제어한다면 계산상으로 공격자가 빠르게 조작할 수 없이 공개적으로 거래를 기록할 수 있도록 작업증명을 수행하는 P2P 네트워크를 제안하였다.

네트워크는 구조적이지 않은 단순함에서 믿을 수 있다. 노드들은 조직화할 필요도 없이 협력하도록 되어있다. 특정 위치에 메시지가 전달되지 않더라도 최선을 기반으로 전달되기만 하면 되기 때문에, 정체를 확인할 필요도 없다. 노드들은 자발적으로 네트워크를 떠났다가 합류할 수 있으며, 작업증명 체인을 그 동안에 벌어졌던 사실에 대한 증명으로 받아들이기만 하면 된다. 컴퓨팅 파워를 통해 의사결정을 하고, 유효한 블록에 대해서만 작업을 수행함으로써 유효하지 않은 블록들은 거부하게 됨으로써 거래 승인을 표시하게 된다. 이러한 합의 메커니즘을 위해 어떤 규칙이나 보상이 성립될 수 있다.

관심 있는 독자들은 인터넷을 통해 전문을 확인할 수 있으니 찾아보는 것도 좋을 것이다.

나카모토 사토시는 발표한 논문을 통해 기존의 금융거래 시스템의 구조적 문제점과 나아가 국가가 독점하는 중앙집권적 화폐 발행에 대해 불만을 토로하고 있다. 2008년 발생한 미국의 금융위기가 그 결정적 요인이었다는 것에 이론의 여지가 없다. 당시 리먼 브러더스 파산이 시작되며 미국발 금융대란으로 인해 기존 화폐에 대한 불신이 커지고 있었다. 그 시점에 비트코인의 도메인인 bitcoin.org가 익명으

로 등록되었고, 금융가를 중심으로 한 거대 자본의 비양심과 탐욕, 그리고 금본위제가 사라진 후 계속해서 찍어내는 화폐가치의 하락 등에 드디어 기술적·철학적 반기를 들고 비트코인이 탄생한 것이다.

이후 2009년 1월 3일, 최초의 비트코인 블록이 생성되면서 비트코

인이 세상에 모습을 드러냈다. 공공 거래장부인 블록을 생성하면 일정량의 비트코인이 주어지는데, 블록을 생산하는 것을 채굴(mining)한다고 표현한다.

나카모토 사토시는 아마 이러한 맥락에서 국가가 마음대로 발행하지 않으면서도 현재의 인터넷이라는 가상의 공간을 통해 사용자 모두가 그 가치를 인정하고 공정하게 사용할 수 있는 새로운 화폐를 만들고 싶었으리라 생각된다. 그는 분명히 4차 산업혁명과 이에 따른 금융 혁명을 가져온, 기술적으로나 철학적으로 위대한 사유를 했던 사람임이 틀림없다.

나카모토 사토시는 지금까지 없던 새로운 개념의 블록체인 시스템을 개발해 마치 거대한 공룡처럼 중앙화된 금융집단의 모순에 맞서 금융의 탈중앙화를 시도함으로써 금융의 민주적 혁신이라는 해결책을 제시했다. 그리고 그가 개발한 블록체인 시스템에 기반을 둔 것이 바로 비트코인이다.

사실 가상의 화폐는 지난 30여 년간 꾸준히 연구된 주제였으나 이중지급 문제나 보안 문제 등 여러 난제로 인해 정체된 상태였다. 그러나 나카모토 사토시는 블록체인 시스템으로 기존 금융 제도가 가진 한계와 문제점을 해결할 수 있는 무결점의 암호화폐를 만들어낸 것이다.

나는 그가 개발한 블록체인, 그리고 여기에 기반을 둔 비트코인이 '난장이가 쏘아올린 작은 공'이라고 생각한다. 지금까지 불합리하게 운용된 금융 시스템을 한꺼번에 바꿀 수 있는 새로운 패러다임이 시작된 것이다.

나카모토 사토시는 이 논문을 발표한 이후 아무도 관심을 두지 않자 1년 동안 혼자서 비트코인을 채굴했다고 한다. 그러나 비트코인 사용자가 폭발적으로 늘어난 지금, 블록체인 시스템 덕에 더 이상 우리는 은행 또는 제삼자 지급보증 대행이 필요하지 않게 되었고, 은행 계좌가 없어 금융 서비스를 이용하지 못하는 전 세계 70%의 사람들이 인터넷과 스마트폰만 있다면 언제든지 상거래를 할 수 있는 기반을 갖게 되었다.

변화의 속도는 앞으로 더 빨라질 것으로 생각한다. 비트코인 아직 어린아이에 불과하다. 주식으로 굳이 비교하자면 상장도 되기 전이다. 내가 비트코인을 처음 만난 2년 전 불과 30달러에 거래되던 비트코인은 현재 2017년 12월 초 14,000달러 선을 오르내리고 있다.

여러분들은 이 엄청난 돈의 액수를 실감 하는가? 이 정도의 가치는 대한민국이나 일본 · 중국 또는 유럽 어느 나라에 한정된 인위적인 가치가 아니다. 전 세계인이 동시에 인정하는 가격이며 그 수천만 명의 사람들이 비트코인에 대한 신뢰를 표현한 수치의 표상이라고 할 수 있다. 바로 지금, 변화의 바람이 거세게 불고 있다.

비트코인의 핵심, 블록체인 시스템

언론조차도 비트코인에 관해 무지할 때는 비트코인을 일컬어 '가상화폐'라 쓴다고 했다. 그런데 우리는 이미 비트코인이 나오기 전부터 가상화폐에 익숙하다. 10여 년 전 유행하던 '싸이월드'의 '도토리'가 바로 가상화폐였고, 지금은 전 국민이 쓴다고 해도 과언이 아닌 카카오톡에서 '초코'라는 가상화폐가 쓰이고 있다. 그러나 가상화폐와 비트코인은 다르다. 가상화폐를 얻기 위해서는 돈과 일정한 비율로 교환할 수 있으나 비트코인은 암호체계를 풀어 일정한 장부인 블록을 생성하는 대가로 주어지는 보상의 개념이며, 이것을 얻기 위한 노력이 그 안에 담겨 있다. 또한 비트코인은 발행의 주체가 없기 때문에 중앙의 통제에서 자유로우며 특정 서비스에서만 사용할 수 있는 가상화폐와는 달리 전 세계를 상대로 거래할 수 있다. 가상화폐와 구별되는 비트코인, 또는 다른 암호화폐의 특징인 블록체인 시스템 때문이다.

비트코인 논문을 발표한 나카모토 사토시가 채굴을 시작해 처음 50 BTC를 얻었을 때까지 비트코인의 잠재력을 눈여겨본 사람은 아무도 없었다. 그러나 8년이 지난 지금은 글로벌 화두가 되었다고 해도 과언이 아닐 정도다.

2009년 최초로 공시된 비트코인의 가격은 1달러에 1309.03 BTC였다. 그러나 8년이 지난 2017년 12월 현재 1달러에 약 0.00007 BTC로, 1달러였던 1309.03 BTC는 현재 가치로 약 1,900만 달러가 되었다. 실로 엄청난 금액이 아닐 수 없다.

한두 명도 아니고, 전 세계에 걸친 많은 사람이 이렇게 비트코인에 열광하는 까닭은 과연 무엇일까? 이유는 여러 가지가 있겠지만, 나는 비트코인이라는 암호화폐의 기반이자 핵심인 블록체인 시스템의 잠재력 때문이라고 생각하고 있다. 곧 다가올 미래에 블록체인이라는 쓰나미가 가진 메가톤급 위력에 주목했기 때문이다.

블록체인 시스템 기술은 '분산형 장부', 'P2P 방식', '이중지급방지', '무삼자 보증' 등의 기술적 부분뿐만이 아니라 인터넷사용과 더불어 많은 사회, 금융, 정보기술의 변화에 다시 하나의 큰 정점을 찍는 가히 새로운 패러다임이다. 지금 우리가 쓰는 각종 서면 계약서와 그 계약 내용, 그리고 각종 거래 기록을 블록에 저장하는 일종의 거래장부 역할을 할 수 있는 것이 핵심인데, 중앙 서버에 저장했다가 필요에 따

도대체 비트코인은 어떻게 생겼나?

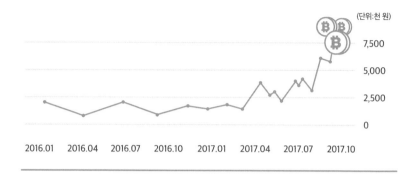

비트코인 가격 추이 (2016년~2017년 11월 현재)

라 열람하는 기존의 시스템과 달리 모든 사용자에게 거래기록을 보여주고 확인받는 시스템이다.

블록체인 사용자 모두가 공유할 수 있기 때문에 위조를 할 수 없고, 모든 거래내역이 투명하게 기록되어 있는데, 이런 블록들이 모여 서로 연결되며 거래 기록을 증명하는 시스템이기 때문에 '블록-체인'이라고 부른다. 이런 블록체인의 장점은 앞으로 금융시스템은 물론 개인 간 거래와 국가 간 무역, 나라의 행정시스템까지 뒤바꿀 수 있는 핵심 기술이다.

많은 전문가 역시 이 같은 내용에 동의했는데, 미래 기술·사회 전문가인 돈 탭스콧(Don Tapscott)은 "향후 세계 경제 변화를 주도할 충분한 잠재력이 있는 기술"이라고 블록체인을 소개하면서 인공지능이나 사물인터넷 같은 신기술보다 더 큰 변화를 가져올 것이라고도 했다.

도대체 블록체인 시스템이 어떻게 세상을 바꾸는 것일까?

비트코인이란 탈중앙형 화폐의 생태계를 만들기 위해 탄생한 블록체인 시스템은 대략 이렇다. 비트코인을 사용하는 사용자는 시스템 네트워크에 접속해 블록을 생성하며 거래장부를 공유해 함께 보관하게 된다. 그리고 블록 생성에 기여한 사용자(컴퓨터)는 일정량의 수고비를 받을 수 있는데, 이것이 바로 비트코인이다.*

블록 형태로 공유되며 보관하고 있는 거래장부는 위조나 변조가

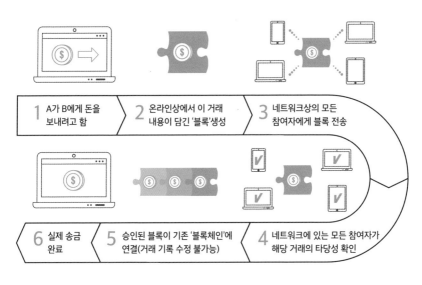

블록체인 시스템 원리

---

* 한편 이렇게 비트코인을 생산하는 것을 '채굴'이라고 한다.

도대체 비트코인은 어떻게 생겼나? 02

불가능한데, 그 이유는 누군가 조작했을 경우 다른 사람이 보관하고 있는 정상적인 장부 내용을 복제해 잘못된 곳을 채우기 때문이다. 사용자 간 거래된 내용을 기록하는 블록은 10분마다 갱신되며 최신 정보를 유지하게 되어 있다. 이렇게 유지된 블록이 서로 연결되는 덩어리를 바로 '블록체인'이라고 하고, 이 자체가 곧 각종 거래를 할 수 있게 하는 데이터베이스 역할을 하는 것이다.

예를 들어 철수가 영희에게 비트코인을 송금하려는 경우를 가정해보자. 철수가 영희에게 비트코인을 보내려고 하면 즉시 온라인 시스템상에서 송금 거래 내역이 기록된 장부가 블록의 형태로 생성된다. 새로 생성된 블록은 시스템상의 사용자 모두에게 전송되고, 사용자들에게 그 거래가 타당하다는 것을 확인받게 된다. 즉 기존의 장부와 비교해서 해킹이 이루어지거나 변조 또는 위조된 내용이 있는지 확인하는 작업을 거치게 된다. 이것은 블록이 연결된 블록체인이 10분마다 최신 정보로 업데이트되는 특징 때문에 가능한 것이다. 이후 사용자들로부터 거래의 타당성을 승인받게 되면 해당 블록은 기존에 존재하는 블록체인 시스템에 연결되고, 비로소 실제 송금이 이루어지게 된다.

이처럼 블록체인 시스템은 중앙화된 기관이 통제할 수 없는 탈중앙화 시스템으로 화폐가치의 하락을 막고, 특정 보안 시스템이 아닌 공개적인 관리와 공유 보안을 통해 더욱 안전하고 신뢰도 높은 거래를 할 수 있게 되는 것이다.

블록체인 시스템의 잠재력

블록체인 시스템의 작동원리는 반드시 알아야 하는 요소다. 사실 비트코인을 비롯한 여러 종류의 암호화폐는 블록체인 시스템이 비하면 그야말로 '새 발의 피'가 될 정도다. 그만큼 블록체인 시스템의 성장 잠재력은 우리의 상상을 뛰어넘어 무궁무진하다고 말할 수 있다.

블록체인의 메커니즘을 소개하며 언급했지만, 블록체인 시스템은 공공 서비스를 제공하는 행정기관, 병원과 건강정보를 제공하는 의료·보험 서비스 분야, 금융 분야, 유통, 교육 분야 등 거의 모든 분야에서 활용할 수 있는 시스템이기도 하다. 특히 금융 분야에서 그 위력을 보일 것으로 예상하는데, 실제로 국내 금융권에서는 4차 산업혁명에 대비한 미래 금융의 바탕으로 블록체인 시스템을 연이어 도입하고 서비스를 준비 중이며 공인인증서가 없이도 주식을 거래할 수 있는 서비스가 등장했다.

금융권에서 블록체인 시스템이 주목받는 이유는 앞서 소개한 블록체인이 가진 보안성과 갈수록 비율이 높아지는 모바일 결제 시스템의 확산 때문이다. 편리함과 보안이라는 두 마리 토끼를 잡는 데 블록체인보다 뛰어난 기술이 없다는 방증이기도 하다.

실제 금융사 해킹이 일어나는 원인은 중앙화한 보안 시스템에 있다. 아무리 강력한 보안 시스템을 적용해 운영하더라도 그 시스템 하나만 뚫을 수 있다면 얼마든지 정보 유출이 가능하다. 그러나 블록체인에 기반을 둔 보안 시스템은 중앙화한 시스템이 아닌 분산된 시스

이렇게 많은 보안을
뚫는 건 불가능해...

템이기 때문에 사실상 해킹이 불가능하다고 할 수 있다.

또한 블록체인 시스템은 편리함이라는 목적에도 부합한다. 최근 모바일을 중심으로 송금을 하거나 다양한 금융거래가 늘고 있는데, 일정한 금액을 넘어서면 공인인증 절차를 거치는 등 복잡한 인증절차가 없어지지 않았다. 그러나 블록체인을 기반으로 서비스를 하게 되면 기본적인 보안은 한층 강화되면서 인증 절차는 매우 간편해지기 때문에 다른 인증기관을 거쳐야 하는 기존 시스템과 비교해 번거로움이 크게 줄어드는 것이다.

이 밖에도 중국에 진출한 미국의 월마트가 중국 내 식품 유통망에 블록체인 시스템을 활용하기 시작했으며, 두바이 정부는 국가 간 무역 거래 시스템에 블록체인 시스템을 접목해 활용하기 시작했다. 또 영국의 런던증권거래소, 미국의 나스닥, 일본의 도쿄 미쓰비시 은행 등에서 블록체인 시스템을 도입해 보안을 강화하면서도 거래비용을 낮추는 효과를 내고 있다.

블록체인 시스템은 투명한 사회를 위한 혁명이기도 하다. 개인 간 거래증명을 통해 투명성을 확보할 수 있고, 보안이 확실하며 이를 통한 선순환 경제모델까지 만들 수 있는, 그야말로 4차 산업혁명의 핵심 중의 핵심이다.

2009년 이후 8년 동안 비트코인과 블록체인은 많은 우여곡절을 겪으며 여기까지 왔다. 비트코인의 현재 가치만 보더라도 이 새로운 기술이 가져올 앞으로의 미래는 가히 우리가 상상하는 그 이상일 것이다. 나는 2017년이 주류사회에서 비트코인을 주목하기 시작한 해

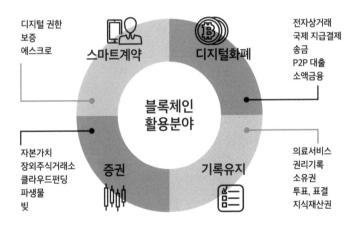

블록체인 활용 가능 분야

라면, 2018년은 비트코인을 비롯한 암호화폐가 대중화의 길에 들어서는 원년이라고 생각하고 있다.

급격한 사회변화와 더불어 비트코인과 블록체인 분야에서도 많은 변화가 있을 것으로 기대한다. 변화는 예기치 못한 어려움과 기회를 동시에 가져온다. 비트코인의 시가총액은 600억 달러에 달한다. 지구상에 새롭게 생겨난 재화 가치다. 새로운 패러다임으로 봐야 한다. 비트코인의 가격 상승은 결국 기존 화폐의 가치하락에 따른 상대적 현상이다.

혹자는 비트코인과 블록체인을 1993년 막 인터넷이 보급될 당시의 느낌이라 얘기한다. 하지만 블록체인 시스템과 과 비트코인은 인터넷, 스마트폰과는 비교도 안 될 만큼 새로운 변화의 화두를 우리에게 던져주고 있다고 장담할 수 있다. 갑자기 이 단어가 떠오르는 것은 왜일까?

"Trick or Treat"

블록체인 시대, 왜 변화하는가

나는 경제 분야의 전문가가 아니다. 대학을 다닐 때 공부한 것은 방송 관련 학문이었고, 유일한 취미는 형이상학적 탐구에 몰입하는 것이었다. 그러나 지금까지 50년이 조금 넘는 세월을 살아오면서 IMF 외환위기와 미국발 금융위기 같은 국가적인 경제위기를 온몸으로 겪어냈고, 개인적으로는 거대한 조직 시스템 앞에서 무기력할 수밖에 없는 서민의 고통을 느끼며 사회적 정의에 관해 생각하는 계기를 겪기도 했다.

나는 지금 전 세계에 불어닥친 비트코인 열풍을 내가 겪은 일련의 경험과 눈높이에서 나름대로 해석해 나만의 기준을 갖고 비트코인과 같은 암호화폐 투자를 하고 있다. 그리고 사람들이 말하는 '성공'을 거뒀다.

지극히 개인적일 수도 있는 이야기들을 여러분께 소개하는 건 암호화폐에 대한 표면적인 정보를 넘어서 경제 현상과 더불어 그 본질이 무엇인지 알리고 싶기 때문이다.

인터넷으로 사용할 수 있는 첨단 기술의 암호화폐가 피도 눈물도 없는 차가운 기계 속에서 탄생한 것 같지만, 알고 보면 모두 사람이 사람을 향해 만들어낸 것일 뿐이다.

세상에 존재하는 모든 기술은 인간성을 추구하는 방식으로 만들어졌고, 그 속에는 사람의 마음이 있다는 것을 말하고 싶다. 그런 마음가짐으로 경제 현상을 살피고, 비트코인을 위시한 암호화폐를 들여다본다면 하루가 멀다고 등장하는 부정적 뉴스나 우리를 현혹하는 부실한 암호화폐들에 휘둘리지 않고 중심을 잡을 수 있을 것이다.

IMF 외환위기와 사회 시스템의 문제

대학에서 방송 관련 공부를 한 나는 배움의 깊이를 더하고자 어렵사리 미국 유학길에 올랐고, 미국 시카고에서 가난한 유학생의 첫발을 내디뎠다. 당시 집안 형편이 유복한 편은 아니었기 때문에 집에서 받는 용돈은 학비와 집세를 제하고 나면 굶지만 않을 정도의 돈으로 생활해야 했다.

없는 돈에 한국이 그리워 가끔 한식이 먹고 싶기도 했지만, 비싼 한식을 먹으려면 며칠 동안 끼니를 때울 수 있는 패스트푸드 햄버거를 포기해야만 가능했다. 대신 아주 가끔, 집에서 용돈을 받는 날 큰맘 먹고 시카고 링컨 스트리트에서도 유명했던 한식당 '조선옥'에서 가서 고향에 대한 그리움을 달랬다.

물론 아르바이트를 해서 부족한 용돈을 메울 수도 있었지만, 차라리 그 시간에 학업에 더 집중해 빨리 공부를 마치는 것이 훨씬 효율적이라고 생각해 아르바이트를 하지 않았다.

나는 아침 겸 점심을 패스트푸드점에서 햄버거로 때우고, 저녁은 집에서 대충 때웠다. 요즘 유행하는 말로 '냉장고 파먹기'라는 말이 있다던데, 그 분야에는 내가 원조였다. 언제 먹었는지 모를 빵조각과

밖에서 먹다 남은 것들을 가져와 보관한 음식들이 내 저녁거리들이었으니까 말이다. 그래도 내가 불행하다는 생각은 전혀 하지 않았다. 하루라도 빨리 공부를 마치고 좋은 직장에 취업하겠다는 생각으로 흔들림 없이 유학 생활을 이어갔기 때문이다.

그러던 어느 날 뉴스에서 한국이 구제금융을 받는다는 소식을 보게 됐다. 'IMF 외환위기'였다. 경제 문제에 별로 관심이 없던 나는 그러려니 했지만, 한국의 IMF 소식은 미국에서 유학하던 나에게도 직접적인 영향을 미쳤다. 당시 내가 한국에서 받던 돈은 한 달에 100만 원. 달러로 환전하면 약 1,700달러 정도였는데, IMF 소식이 들린 후 100만 원을 환전하니 내 손에 쥐어진 돈은 600달러도 채 되지 않았다. 많지도 않았던 돈이 갑자기 반 토막이 나자 아르바이트를 하지 않고는 도저히 학업을 이어갈 수 없는 상황이 되고 말았다.

상황이 이렇게 급변하자 우선 먹는 일부터 혁명에 가까운 개선을 해야 했다. 그나마도 부실했던 식사를 더 줄여 돈을 아끼는 수밖에 없었다. 나는 2달러 정도였던 패스트푸드점의 햄버거를 끊고, 그 돈으로 일본 상점에 가서 쌀과 양배추를 사 밥을 지어 먹었다. 햄버거보다 훨씬 싸게 먹혔기 때문이다. 반찬은 함께 사 온 양배추를 삶아 된장에 찍어 먹는 게 전부였다.

그래도 위안이 되었던 건 그런 상황에 빠진 게 나 혼자만은 아니라는 사실이었다. 갑작스러운 IMF 외환위기의 직격탄을 맞은 한국 유학생들은 혼자 쓰던 비싼 방을 떠나 2인~3인이 함께 생활하는 공간으로 옮겼고, 나도 그들 중 하나였기 때문이다.

경제에 관해 별다른 관념이 없던 내가 관심을 두게 된 게 바로 그때쯤이었다. 뉴스에서 전하는 한국 소식에 자연히 귀를 기울일 수밖에 없었는데, 그때 IMF 외환위기로 벌어진 가슴 아픈 현실들을 보게 되었다. 직장에서 해고된 후 가장의 역할을 하지 못해 가정이 파괴되고, 그로 인해 아이들이 불안한 환경 속에서 엇나가는 모습들을 봤다. 어느 집에서는 실직한 남편을 대신해 돈을 벌기 위해 노래방 도우미로 일하는 아내와 그 사실을 알면서도 현실적인 문제에 막혀 모른 척할 수밖에 없는 남편의 모습도 있었다. 부모들의 손에서 떨어져 조부모에게 맡겨진 아이들은 부모와 생이별을 하며 보육원으로 향하는 아이들에 비교하면 행복한 편에 속했다. 한국 뉴스에서는 연일 국가적 재난 상황이니, 유사 이래 최대의 치욕이니 하는 말들을 쏟아냈다. 도대체 경제에 무슨 문제가 있었기에 이런 일이 일어났을까?

문민정부가 들어서던 1995년에 한국은 국민소득 1만 달러를 달성했고, 이것을 기반으로 선진국 대열이라고 할 수 있는 OECD(경제협력개발기구)에 가입했다. IMF는 바로 이런 상황에서 나온 악재였다. IMF 외환위기가 생긴 이유는 여러 가지가 있겠지만, 그 본질은 한국이 외국에 갚아야 할 외화 보유액이 부족해 생긴, 일종의 부도와도 같은 것이다.

일반 사기업 중에 부채가 없는 기업은 거의 없다. 부채 역시 기업의 자산이고, 크게 보면 경제 흐름을 위해 꼭 필요한 것이기도 하다.

환율이 급등해 달러당 1,500원을 넘어 2,000원을 돌파하고 거래가 중단되자 얼굴을 감싼 외환딜러들

그리고 갑자기 그 기업의 부채를 일시에 전부 상환하라고 하는 경우는 없다. 그런데 그런 일이 국가적 차원에서 일어난 것이 IMF 외환위기였다. 나는 이것이 어느 날 갑자기 생긴 것으로 생각하지 않는다. IMF 외환위기는 관리의 부재이자 사회 시스템의 부재로 초래됐다.

당시 우리 정부는 국민소득 1만 달러를 지키기 위해 인위적으로 원화 고평가를 꾀하며 보유한 외환 1백억 달러를 방출했다. 당시 우리나라에 가장 많은 투자를 하던 외국 투자자본은 일본이었는데, 한국의 외환 보유액이 줄자 일본 은행들은 갖고 있던 채권 회수를 위해 달러를 쓸어갔고, 다른 나라들 역시 일본처럼 채권 회수를 위해 달러를 바꿔가기 시작했다.

여기에 금융기관과 대기업들의 부실 경영 역시 한몫했는데, 금융

도대체 비트코인은 어떻게 생겼나?

드디어 국민소득
1만 달러 시대다!

기관들은 대기업에 무분별한 대출을 했고, 대기업들은 이를 이용해 차입 경영을 하고 있었다. 당시 30대 재벌의 평균 부채비율은 자기 자본의 5배를 넘고 있었는데, 선진국 우량기업들의 평균 부채비율이 100% 이하라는 것과 비교하면 우리나라 대기업들이 얼마나 차입에 의존한 경영을 했는지 쉽게 알 수 있다.

은행들은 IMF 당시 엄청난 부실채권을 떠안고 있었는데, 시중은행의 절반 이상이 무더기 적자를 내고 있던 반면 외국계 은행인 씨티은행은 몇천 억 대의 흑자를 기록했다.

이런 구조적인 문제점은 군사정권 시절부터 시작한 관치금융에서 비롯한 것으로 금융계는 경제성장을 위해 뛰는 대기업을 보조하는 수단으로 인식한 데서 출발한다. 그러다 보니 금융계 나름의 경쟁력이나 경영능력이 생길 수가 없는 구조였고, 이런 것들이 고스란히 우리 금융기관의 대외 신용도에 악영향을 주어 IMF 외환위기의 원인

가운데 하나가 되었던 것이다.

IMF 외환위기가 일어나기 전에 가끔 들르던 한인 식당 조선옥에서 재미있는 얘기를 들은 적이 있다. 한국의 경제부처 차관이 미국에 방문했는데, 그가 교포 중 한 사람에게 김영삼 당시 대통령과의 일화를 들려줬다고 했다. 일화의 내용은 김영삼 대통령이 경제에 관한 국정보고를 잘 받지 않았다는 것이었는데, 보좌관이나 경제부처 장관들이 경제 현안에 대해 보고를 올리면 인상까지 찌푸리며 듣기 싫어하는 기색을 보였다는 것이었다.

물론 몇 사람 건너 전해 들은 내용이라서 그것이 사실인지 확인할 수는 없지만, 나는 그 일화를 두고 관리의 부재로 IMF 외환위기가 일어났을지도 모른다는 나름의 상상을 했다. 기업은 차입한 자금의 상환 시점과 이자 납부 등 전체적인 흐름 속에서 자금을 관리해 나간다. 이런 경제의 흐름은 국가를 운영하는 측면에서도 크게 다르지 않을 것이다. 특별한 사정이 없으면 은행이 갑자기 그동안 빌려준 돈을 모두 돌려달라고 하지는 않기 때문이다. 은행에서 빌려 쓰는 돈은 일시에 모두 상환할 필요가 없다. 그저 관리의 대상일 뿐이다. 그러나 IMF 외환위기는 달랐다. 그동안의 외환자금이 한꺼번에 빠져나갈 위기가 닥친 것이다. 결국 나는 IMF 외환위기가 사회 구조 전체의 문제이자 관리 부족에서 기인했다고 생각한다.

IMF 외환위기의 파장은 20년이 지난 지금까지도 그림자를 드리우고 있다. 양극화가 고착되고, 특히 서민들에게 준 타격은 중산층 이상

보다 훨씬 컸다. 정리해고와 명예퇴직의 모진 칼바람은 서민들의 삶을 송두리째 바꾸었고, 아직도 한창인 가장의 실직과 가사를 돌보던 여성들의 경제활동 참여가 늘었다. 너도나도 살길을 찾아 투쟁 아닌 투쟁을 해야 했고, 그러는 사이 가족의 불화가 커져 대화가 단절되는 삭막한 현실을 마주해야 했다. 왜 이토록 서민들이 떨어질 곳 없는 나락으로 떨어져야 했을까? 나는 오히려 많은 돈을 갖고 투자하려는 사람보다 아직도 그늘을 벗어나지 못하고 있는 사람들에게 이 책을 통해 두 번은 없을 절호의 기회를 놓치지 말라고 권하고 싶다.

변화의 바람을 타야 한다

2002년 4월 15일, 중국 베이징에서 출발해 김해로 향하던 중국국제항공의 여객기가 김해의 돗대산에 추락한 사고가 있었다. 사고가 발생한 비행기에는 한국인 136명을 포함해 총 167명이 탑승하고 있었는데, 이 중 129명이 사망한 끔찍한 사고였다. 사망자는 대부분 한국인이었는데, 그 가운데 우리 가족도 있었다. 사고 소식을 전해 듣고 서둘러 현장을 찾았다. 사고 장소에는 여전히 비행기의 잔해와 사망자들의 소지품들이 어지럽게 널려 있었다.

나를 비롯한 많은 사망자 가족들이 모여 슬퍼할 새도 없이 사고 처리를 위한 대책위원회를 꾸려야 했다. 중국 국적 여객기였기 때문에 사고 처리도 국제적인 절차가 필요했고, 나는 그곳에서 통역을 겸해 대책위원장을 맡게 되었다.

그런데 대책위원장으로서 당국에 사고 처리를 협조하고, 지켜보면서 단 하나도 마음에 드는 것이 없었다. 긴급 구조 활동과 사고 사망자를 수습한 이후에는 사고 원인을 규명하고, 그에 대한 처리는 물론 중국인 조종사의 과실 여부도 밝혀내 책임을 묻는 것이 정상일 텐데, 우리 정부 당국자들과 공무원들은 사고와 관련해 중국에 아무것도 요구하지 못하는 것 같았다. 중국과 우리나라 사이에 민항기가 오가려면 국제적인 기준에 맞는 항공협정을 맺은 관계 서류가 있을 것이고, 비행기 정비 불량 등이 밝혀진다면 중국 측 과실도 물을 수 있을 것인데 이에 관한 처리는 손도 대지 못한 채 이슈를 덮기에 급급한 듯 보였기 때문이다.

사고 유족들은 중국국제항공의 책임을 물어 직접 보상을 요구했으

도대체 비트코인은 어떻게 생겼나? 02

나 중국 측은 받아들이지 않고 보상 문제를 재판에 넘겼다. 우리 정부가 뒷짐만 지고 있는 사이 유족들만 애가 탔다.

나는 답답한 마음에 대책위원회를 대표해 정부 과천청사를 찾아가 담당 공무원들을 만나고, 건교부 장관 면담까지 신청했음에도 사고 처리 문제는 사후약방문식으로 진행될 뿐이었다. 아무도 사후처리 문제에 관해 상식적으로 대응하거나 적절한 조치를 고민하지 않았다.

당시 사고를 책임질 담당자들이 서로 미루며 누구인지도 알려주지 않았던 당국의 모습에 한 사람의 국민으로서 실망과 배신감이 몰려왔던 기억만 남아있다. 129명이라는 사망자가 발생했는데도 공무원 사회에 만연했던 '철밥통'은 여전했고, 보상과 치료 문제도 지지부진했다.

이후 재판부는 유족의 손을 들어줬지만, 보상 문제가 진행되기까지 정식 장례를 치르지도 못하고 10년 동안 시신을 병원에 임시로 안치하고 싸워야 했다.

유학 시절 내가 경험한 미국 사회는 사람에 대한 고민이 있었다. 사람이 다쳐 병원에 가면 일단 사람을 살리는 게 그들의 원칙이다. 감당할 수 없을 정도로 병원비가 나왔다면 다양한 복지 제도를 활용해 능력에 따라 10년이든 20년이든 병원비를 나눠서 낼 수도 있다. 그런데 내가 경험한 우리나라는 일단 돈을 내고 절차를 밟지 않으면 치료받을 기회조차 얻지 못했다. 사람보다 조직과 체계가 우선인 비상식적인 일들이 도저히 이해가 가지 않았다.

물론 사고가 발생한 지 벌써 15년도 넘었지만, 유연하지 못한 책임자들의 무사안일주의와 조직의 경직성은 지금도 전혀 개선되지 않았다고 생각한다. 기술이 나날이 발전하고, 경제가 성장하고 있어도 막상 가장 중요한 사람에 대한 고민은 여전히 답보 상태이다. 세월호 사고를 보더라도 쉽게 알 수 있는 부분이다.

암호화폐와 관련해 아픈 기억을 끄집어내는 이유가 있다. 나는 우리 사회에 리더가 없다고 생각하는 사람 중 한 명이다. 리더라는 자리는 어떤 일이 발생했을 때 선제적으로 대처하고, 국민들이 바른 선택을 할 수 있도록 틀을 만들어야 한다.

무엇보다 자기희생과 봉사 정신이 있어야 한다. 그러나 내가 겪은 경험으로 보면 리더가 되고 싶어 했던 사람 중에는 권력을 탐하고 인기에 영합하는 사람들뿐이었다. 그것이 불의의 사고나 사회 변화를 일으킬 잠재력이 있는 패러다임에 대처하는 그들의 방식이다.

지난 9월, 금융위원회는 '기술이나 용어에 관계없이 모든 형태의 ICO를 금지할 방침'이라고 밝혔다. 이것은 새로운 암호화폐를 개발해 분배하기로 하고 자금을 모으는 크라우드 펀딩 방식을 금지한다는 것인데, 중국이 한발 앞서 같은 조처를 하기도 했다. 당시 중국의 조치로 인해 비트코인 가격은 16%가 하락하고, 이더리움은 무려 27%나 하락했다.

도대체 비트코인은 어떻게 생겼나? **02**

현재 세계 시장에는 1천여 종이 넘는 암호화폐가 등장해 거래되고 있다.* 물론 이 중에는 쉽게 부실화할 수 있는 것들도 있을 것이고, 크라우드 펀딩 방식을 악의적으로 이용해 투자금을 노리는 것들도 존재할 것이다. 하지만 옥석을 가릴 수 있는 방법은 분명히 있다. 그런데도 화폐발행 권한과 조세정책에 대한 도전으로 규정한 중국 정부의 반시대적인 조처를 아무런 고민 없이 그대로 답습하는 것은 '뭔가 해야 하니까 하는' 조치로 보일 뿐이다. 정부는 해킹 위협과 금융 질서 교란 등을 이유로 대고 있지만, 이런 식의 규제 강화는 역효과를 낼 뿐이다. 나쁜 마음을 먹는 사람은 어느 분야든 있다. 곳간에 쥐가

쥐를 없애자고 쌀을 없앨 수는 없지

---

* http//coinmarketcap.com에서는 실시간 거래되는 암호화폐의 거래량과 가격을 확인할 수 있다..

있다고 해서 곳간을 없앨 수는 없는 일이다.

세계적인 미래학자이자 탭스콧 그룹의 CEO인 돈 탭스콧은 우리 정부의 ICO 금지 조처를 두고 큰 실수를 범하는 것이라고 충고하기도 했다. 우리나라처럼 IT 강국인 나라가 선제적으로 블록체인을 이용한 크라우드 펀딩을 적극적으로 시작한다면 역사적인 기회를 잡을 수 있다는 말도 덧붙였다.

우리 국민은 좋은 리더를 만나면 융합해 시너지를 낼 수 있는 잠재력이 있다고 나는 생각한다. 지금까지 여러 차례 국가적 재난 상황에서 보인 국민성이 그 증거라고 할 수 있다. 초기 투자가 부족한 우리 벤처기업의 현실에서 크라우드 펀딩을 이용한 투자 확보는 확실한 기회의 요소가 될 수 있다는 것도 간과해선 안 된다.

본질을 알아야 확신이 생긴다

나는 내가 겪은 경제적 모순에 대해 비트코인 체제가 유일한 대안이라고 주장하는 것이 아니다. 비트코인 역시 앞으로 보완해야 할 요소들이 많다. 비트코인 가격은 꾸준히 오르고 있지만 오르는 중에도 롤러코스터처럼 등락을 거듭하고 있고, 기술적으로도 급증한 거래량을 시스템의 처리속도로 따라가지 못하고 있다. 처음 비트코인이 비트코인과 비트코인 캐시로 분열된 것도 불안정한 비트코인의 현실을 단적으로 보여준 예에 불과하다.

늘어난 거래량에 따라 새로운 블록체인 시스템으로 전환해 블록

처리용량을 늘려야 했지만, 그렇게 되면 자신들의 이득이 줄어드는 채굴자들의 반발로 결국 둘로 쪼개지는 '하드포크'라는 길을 가야 했다.

시장에 무사히 안착해 새로운 경제 생태계를 구축하고, 그 본질의 기능을 하기 위해서는 비트코인이 가진 이러한 불안정성을 해소해야 한다.

사실 비트코인이 탄생한 본질은 탈중앙화를 통해 다수의 사용자가 공공의 거래내역을 승인하는 '민주적 운용 시스템'에 있다. 이것은 앞서 설명한 불합리한 화폐구조를 바꾸고, 금융시스템의 변화를 위한 것이기 때문이다.

그러나 비트코인은 어느 특정 조직의 전유물이 아니기 때문에 충분히 안착할 수 있는 잠재력이 있다. 그래서 나는 아직 불안정한 모습이 있음에도 불구하고 비트코인에 대한 확고한 믿음으로 투자를 이어가고 있다. 결과는 성공적이다. 비트코인 가격의 지속적인 상승이 그 대답이다. 지금도 글로벌 투자자들은 전통적인 안전자산인 금 대신 비트코인과 암호화폐 투자에 집중하고 있다. 실제로 금의 국제 현물거래는 지속해서 하락하고 있고, 시장조사 업체 CMP에 따르면 금 거래소의 매출이 최대 70% 이상 급감한 것으로 보고되었다.

다음 장에서는 비트코인을 접한 내가 경험하고 투자한 실제 사례를 여러분에게 보여드리려고 한다. 분명한 것은 변하는 패러다임을 받아들여야 한다는 것이다.

지금까지 비트코인을 비롯한 암호화폐 투자에 소극적이었다면 내 사례를 보고 부를 이룰 기회를 잡으시길 바란다.

결론부터 말하자면 암호화폐 투자는 이제 시작인 셈이다. 수많은 사람이 관심을 두고, 여러 언론에서 많은 뉴스를 접했겠지만 진짜 투자해야 할 시기는 바로 지금부터다. 트레이딩 투자 역시 기회가 여전히 있고, 블록체인 시스템이 가져올 변화의 기회는 무궁무진하다. 감히 단언하건대, 이제까지의 암호화폐 바람은 앞으로 불어올 태풍의 전조일 뿐이다.

어느 날 친구와 함께한 자리에서 자연스럽게 비트코인 이야기가 나왔다. 십수 년간 주식에 투자해 어지간한 옥석은 가릴 줄도 아는 친구였다. 비트코인에 관해 침을 튀기며 열정적으로 말하는 내게 그 친구는 "비트코인은 돈이 아니잖아?"라며 제대로 듣지 않았다.

나는 친구에게 그동안 투자한 내 거래내역과 과정을 설명했다. 채굴업체를 통해 얻은 비트코인을 거래소에 팔아서 매달 수익을 내고 있고, 투명한 업체를 선정하는 방법과 분석법을 알려주자 진지하게 듣던 친구는 나름의 감을 잡았는지 시험 삼아 자신도 투자를 해보고 싶다고 했다. 친구에게 거래소와 거래방법을 알려주자마자 다음날 거래소 계정을 생성했다고 알려왔다.

처음 트레이딩을 시작한 친구는 내 말대로 수익을 올릴 수 있었고, 곧 채굴 투자에 관해 구체적으로 물어왔다. 내가 채굴 투자처 정보를 알려주자 친구도 곧 비트코인 채굴 투자를 시작했다. 지금은 처음 채굴 투자를 시작한 나처럼 친구 역시 매일 새벽에 채굴되어 들어오는 비트코인을 확인하며 나보다 더 열정적으로 투자하고 있다. 그뿐만 아니라 암호화폐에 관한 이야기를 나누며 알게 된 주변의 많은 이들이 암호화폐 투자에 뛰어들었고, 투자에 만족하는 사람도 늘어갔다.

기회는 누구에게나 공평하게 온다는 것이 평소의 내 생각이다. 그러나 기회를 잡는 사람과 잡지 못하는 사람은 새로운 패러다임을 받아들이느냐 그렇지 못하느냐의 차이라고 생각한다.

변화의 관점에서 비트코인을 이해해야 성공을 잡을 수 있다.

여러분은 지금 그 기회를 잡아야 한다.

"우리 가게는 신뢰할 수 있는 돈만 받습니다.

금, 은 그리고 비트코인."

- 외르크 플라쩨 Joerg Platzer

독일의 비트코인 결제 레스토랑 Room7 대표

비트코인 쪼개기

둘로 나눈다?
비트코인 하드포크

비트코인을 사용하는 모든 사용자는 같은 내용의 블록을 공유하고 있고, 이것을 연결하면 블록체인 시스템이 된다. 그런데 블록 역시 프로그램의 일종이기 때문에 업그레이드가 필요하다. 단지 모든 사용자가 분산 공유하고 있기 때문에 일반적인 프로그램 업그레이드와는 다른 '포크'라는 방식으로 업그레이드를 하게 된다. '포크(Fork)'는 어떤 내용을 바탕으로 새로운 내용을 파생해 만드는 것을 말한다.

포크는 소프트 포크와 하드 포크로 나누는데, 소프트 포크는 업그레이드를 하기 전의 블록과 업그레이드 이후의 블록이 서로 호환되기 때문에 지금까지 블록에 없던 새 기능을 추가할 때 쓰는 방식이다. 반면 하드포크는 블록 자체를 수정할 때 쓰는 방식인데, 기존의 블록과 호환이 되지 않기 때문에 사용자 간 의견이 일치하지 않는 경우가 많다. 기본적으로 블록체인 시스템은 사용자의 합의를 바탕으로 운영되는데, 암호화폐 중에서도 비트코인이 가장 오래되었고, 사용자가 많기 때문에 하드포크를 둘러싼 이해관계가 복잡하게 얽혀있는 편이다.

대표적인 비트코인 하드포크는 2017년 8월 1일 단행된 비트코인과 비트코인 캐시로 나뉜 하드포크를 들 수 있다. 원래의 비트코인 블록의 크기는 1MB였다. 그러나 사용자가 점점 늘어나고 거래가 활성화하면서 1MB로는 거래량의 정보를 따라가지 못하는 상황이 되자 블록의 크기를 2MB로 늘리는 효과의 업그레이드를 하자는 쪽과 이를 반대하는 쪽이 대립하게 되었다.

비트코인 개발진들이 있는 서구사회의 사용자들은 용량 늘리기에 찬성했고, 채굴을 중심으로 한 중국의 사용자들은 용량을 늘리는 것에 반대했는데, 블록 용량이 늘어나는 만큼 자신들의 채굴량이 적어진다는 것을 이유로 들었다.

비트코인 로고와 비트코인 캐시 로고
재미있게도 비트코인 캐시의 로고는
비트코인의 정 반대 방향이다.

결국 여러 비트코인 사용자들이 모여 논의한 끝에 블록의 용량을 늘리기로 결정했고, 최종 시한을 2017년 8월 1일로 정했다. 그러자 여기에 반발한 중국계 채굴업자와 거래소 측은 기존 비트코인의 블록체인을 그대로 가진 새로운 암호화폐인 비트코인 캐시를 내놓겠다고 선언하고, 하드포크가 일어나 비트코인 캐시가 탄생되었다.

한편 비트코인의 블록체인을 그대로 가져온 비트코인 캐시가 탄생하자 기존의 비트코인 생태계를 망치는 것으로 생각한 일부 거래소들은 비트코인 캐시 상장을 거부하기도 했으나 많은 사용자를 확보하기 위해 거래소를 통해 무료로 제공하며 가격을 끌어올리는 데 성공하기도 했다.

비트코인으로
매월 **1억** 번다

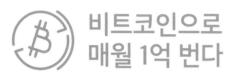

비트코인으로 매월 1억 번다

(1) 트레이딩 투자로 수익을 올리다

돈이 아닌 마음으로 시작한 투자

돈을 많이 벌고 싶다는 생각은 누구나 있을 것이다. 나 역시 돈을 많이 벌고 싶었다. 내가 한 최초이자 유일한 투자는 아파트였다. 그마 저도 투자를 목적으로 구입한 것이 아니라 주거를 목적으로 구입한 대구의 47평짜리 아파트였다.

가족들과 함께 살기 위해 대출을 받아 구입한 그 아파트는 운 좋게 도 2년 만에 2억 원 가까이 올랐고, 그 아파트를 팔아 대출금을 모두 상환하고도 돈이 좀 남아 약간의 여유를 갖게 된 게 다였다.

사실 이런 얘기까지는 부끄럽지만 지금 내 나이 50이 조금 넘어서 비트코인으로 큰돈을 벌기 전까지는 노모와 딸아이를 위한 생활비 대기에도 벅찼다. 내 남동생은 일찍부터 사업을 시작해 나보다 먼저 가정을 꾸리고 집안의 구심점 역할을 했지만, 해외 유학까지 다녀온 나는 동생에 비해 경제적으로나 사회적으로 뒤처져 있었다. 물론 나는 나름대로 사유하는 능력과 판단력이 있다고 생각했다. 그러나 대학 시절 철학에 빠져 관념의 세계를 탐구하기를 좋아할 때부터 동생은 꾸준히 사회인으로서의 영역을 넓혔다. 그러다 보니 늘 동생에게 미안한 마음도 들었고, 집안의 기둥으로서 중심을 잡지 못한 처지 때문에 항상 마음이 무거웠다.

나는 평소에도 돈에 대한 욕심이 없었다. 그저 세상에 태어나 '도움이 되는 사람'이 되었으면 좋겠다는 마음뿐이었다. 물론 마음도 중요한 요소이지만, 조금 과장해서 '돈으로 시작해 돈으로 끝나는' 풍조 속에 마음만으로 할 수 있는 일은 많지 않았다. 의기 충만하게 새로운 사업을 시작하는 지인들, 세상을 바꾸는 작은 힘이 되겠다는 패기와 아이디어 하나로 뛰어드는 젊은 후배들. 딱히 그들처럼 특출난 재주는 없더라도 너무도 소중한 그들과 함께하고 싶은 마음은 굴뚝같았다. 결국 내 마음을 표현하기 위해서는 현실적으로 돈이 있어야 했다. 그리고 이를 위해서 되도록 돈을 많이 벌고 싶다는 막연한 생각을 하기도 했다.

그러던 내게 비트코인은 놓쳐서는 안 되는 절호의 기회였다. 2015년 9월, 평소에 들른 서점에서 우연히 비트코인을 알게 된 후부터 나는 책을 읽고 뉴스 보도를 챙기면서 생소했던 비트코인에 관한 개념을 서서히 잡기 시작했다. 물론 투자할 수 있는 것은 전통적인 주식이

비트코인으로 매월 1억 번다 **03**

나 부동산도 있지만, 많은 사람이 이미 뛰어들고 있기도 했고, 별다른 흥미를 느끼지도 못했었다. 그러나 이제 시작 단계에 있는 비트코인이라는 새로운 분야는 내가 뛰어들어 공부하면 그만큼 경쟁력이 있겠다는 생각이 들었다. 어렴풋이 알던 경제에 관한 개념도 확실히 잡을 수 있을 것 같았고, 무엇보다 비트코인으로 말미암아 새로운 금융시대가 열릴 것을 직감적으로 느꼈다.

처음 비트코인을 가지다

비트코인을 갖기 위해서는 블록체인 시스템을 컴퓨터에 다운로드 받은 후 블록 생성에 참여해 얻을 수 있다는 것을 알게 되었다. 블록체인 시스템을 이용해 주어진 연산을 하면 그 보상으로 일정한 단위의 비트코인을 받을 수 있는데, 이것을 '채굴mining'이라고 했다. 비트코인은 지금 우리가 쓰는 돈을 발행하는 것처럼 채굴을 통해 발행되는 것이다. 광산에서 광석을 캐듯이 비트코인을 '채굴한다'고 하는 표현이 재미있었다.

결국 비트코인을 가지려면 채굴을 통해 얻어야 했는데, 블록체인 시스템에서 블록을 생성하고 채굴하는 일은 컴퓨터 비전문가인 나로서는 쉬운 일이 아니었다. 우선 채굴을 위한 컴퓨터 시스템은 일반적으로 쓰는 컴퓨터와 약간 달랐는데, 채굴에 적합한 고성능의 그래픽 카드를 장착해야 채굴을 위한 연산을 처리할 수 있었다. 그런데 비트코인이 인기를 얻고 가치가 치솟자 중국에서 대규모로 비트코인 채굴을 시작했고, 아예 채굴만 전문으로 하는 업체들도 생겨났다.

비트코인이 인기를 얻고, 이와 관련해 빠른 속도로 블록 연산을 처리할 수 있는 컴퓨터 부품들에 대한 수요가 계속되자 부품 가격이 올라 채굴 시스템을 만드는 비용도 만만치 않았다. 아니, 돈이 있어도

중국의 비트코인 채굴 공장의 채굴기들

부품이 달려 구할 수도 없을 정도였다. 거기에 채굴을 하면 할수록 연산의 난이도가 올라갔기 때문에 그만큼 시간이 더 걸렸고, 채굴 장비도 계속 늘려야 했다.

　난이도가 올라간 만큼 효과적인 채굴을 위해서는 여러 대의 컴퓨터를 연결해 연산 능력을 높이는 거대한 채굴 시스템을 만들어야 했지만, 그만한 장비를 마련하기에는 전기요금은 물론 장비를 설치할 장소까지 감당하기에는 아무리 생각해도 비효율적이라는 생각이 들었다. 당시 우리나라에서 그만한 장비를 들여 채굴하는 사람이 없기

도 해서 어디 물어볼 곳도 없었다. 나는 하는 수 없이 인터넷과 언론에 소개된 소위 블록체인 전문가라는 사람들을 만나기 위해 서울과 부산 등지를 돌아다니며 어렵게 만나 채굴에 관해 물었다. 그러나 전문가들 역시 지금은 개인이 채굴하기에는 수지타산이 맞지 않는다

며 만류했다.

채굴을 하지 않고 비트코인을 가질 수 있는 방법은 주식처럼 거래소에서 비트코인을 사고파는 방법뿐이었다. 나는 직접 채굴하는 것을 포기하고, 우선 국내에 생긴 암호화폐 거래소를 통해 비트코인을 사보기로 했다. 집에 돌아와 즉시 인터넷에 접속해 거래소를 찾았고, 당시 코빗과 빗썸, 그리고 야피존이라는 새로 생긴 거래소에 가입해 둘러보기 시작했다. 주식에 투자한 적은 없었지만, 살펴보니 암호화폐를 사는 일은 기본적으로 알고 있는 주식을 사고파는 것과 매우 비슷했다.

나는 용돈을 아껴 모아둔 약간의 돈으로 시험 삼아 암호화폐에 투자하기로 하고, 비트코인의 가격 등락 폭을 유심히 지켜봤다. '쌀 때 사서 비쌀 때 팔라'는 말은 트레이딩의 가장 기초겠지만, 말처럼 쉬운 일이 아니었다. 비트코인은 주식처럼 가치에 투자하는 측면이 비슷했지만, 그 가치라는 것이 참 애매했다.

주식이라면 기업 가치와 경제 상황을 함께 보며 투자하겠지만, 비트코인은 가치를 추측할 그 어떤 것도 존재하지 않았다. 국가의 권위로 유통되는 화폐도 아닐뿐더러 금융권에서 취급하는 상품도 아니었고, 무엇보다 발행 주체가 없기 때문에 과연 얼마가 투자를 시작할 저점이고, 얼마가 팔아야 하는 고점인지 판단하기가 곤란했다.

어떨 때는 아무 이유 없이 50%가 넘게 오르기도 하고, 어떨 때는 갑자기 낭떠러지를 만난 것처럼 급전직하하기도 했다. 게다가 24시

간 장이 열린 채 전 세계가 주목하고 있기 때문에 가격 등락 그래프를 보는 것도 힘이 들었다. 그야말로 전쟁터 같은 난리라는 생각이 들었다.

나는 이런 혼란 속에서 나만의 트레이딩 룰을 만들기로 했다. 이른바 '무릎, 어깨 전략'이다. 주식 트레이딩에서도 쓰는 초보적인 전략이지만, 내 기준으로 최저점과 최고점을 정하고 투자하는 전략이었다. 즉 살 때는 더 내려갈 것을 기다리다가 타이밍을 놓치지 말고 내가 최저점으로 정해둔 가격의 80% 선에서 사고, 팔 때도 최고점의 80% 선에서 팔자는, 말 그대로 '무릎에서 잡아 어깨에서 파는' 전략이었다. 사실 비트코인에 대해서 정확하게 꿰뚫어 보지 못했던 당시의 나는 선택의 여지가 없었다.

다행히 내 전략이 효과가 있었고, 소액이나마 수익을 볼 수 있었다. 비록 50만 원, 100만 원으로 시작한 단기 투자였지만, 수익률이 높을 때는 270만 원까지도 차익을 남길 수 있었다. 학원을 운영해 번 돈으로 빠듯하게 생활비를 쓰던 내게 비트코인 투자로 벌어들인 수익은 꽤나 짭짤한 용돈 벌이가 됐다.

주문	체결시각	주문량 BTC	체결량 BTC	평균체결가 KRW	체결금액 KRW	수수료	총체결
Buy	2016-02-12 07:06:18	3.15723006	3.15723006	475,100	1,500,000	0.00631447 BTC	3.15091559
Buy	2016-02-11 09:32:01	7.36531987	7.36531987	475,200	3,500,000	0 BTC	7.36531987
Buy	2016-02-05 07:39:25	1.06624066	1.06624066	469,781	500,900	0.00213249 BTC	1.06410817
Buy	2016-02-04 11:23:11	10.0	10.0	459,910	4,599,100	0.02000001 BTC	9.97999999

‹ 이전 1 2 … 15 16 17 18 19 20 21 22 **23** 다음 ›

주문	체결시각	주문량 BTC	체결량 BTC	평균체결가 KRW	체결금액 KRW	수수료	총체결
Sell	2016-03-09 20:04:15	20.47805673	8.69922047	500,300	4,352,220	2402 KRW	4,349,818
Buy	2016-03-06 11:35:02	0.19492317	0.19492317	487,802	95,084	0.00038985 BTC	0.19453332
Sell	2016-03-06 10:46:13	20.47852751	0.1950041	488,400	95,240	98 KRW	95,142
Sell	2016-03-06 00:25:18	5.0	5.0	488,800	2,444,000	4611 KRW	2,439,389
Buy	2016-03-05 08:36:25	5.97252439	5.97252439	502,300	2,999,999	0.004 BTC	5.96852439
Buy	2016-03-05 04:55:40	19.51600312	19.51600312	512,400	10,000,001	0.006 BTC	19.51000312
Sell	2016-03-02 18:56:12	4.9580599	4.9580599	531,800	2,636,696	406 KRW	2,636,290
Sell	2016-02-21 04:27:54	20.0	20.0	537,660	10,753,200	14207 KRW	10,738,993
Buy	2016-02-19 00:46:29	24.9580599	24.9580599	517,500	12,915,797	0 BTC	24.9580599
Sell	2016-02-15 18:00:28	6.00034362	6.00034362	505,000	3,030,173	4301 KRW	3,025,872
Sell	2016-02-15 22:45:00	14.0	14.0	508,200	7,114,800	596 KRW	7,114,204
Sell	2016-02-15 15:02:04	5.46	5.46	508,400	2,775,864	144 KRW	2,775,720

‹ 이전 1 2 … 15 16 17 18 19 20 21 **22** 23 다음 ›

비트코인을 처음 샀던 당시의 거래내역이다. 이후 채굴을 알기 전까지는
계속해서 사고팔기를 통해 수익을 남겼다.

이더리움의 등장

2015년 7월 30일 처음 세상에 모습을 보인 이더리움의 2017년 12월 초 현재 가치는 460달러에 육박하고 있다.

내가 비트코인 투자를 계속하고 있을 무렵, 자주 거래하던 코빗 거래소에 이더리움이라는 암호화폐가 처음 상장되어 거래되기 시작했다. 비탈리크 부테린이 개발한 이더리움은 2015년 7월 30일 도입되었는데, 비트코인과 더불어 거래 총액 1·2위를 다투는 암호화폐로 비트코인과 마찬가지로 블록체인 시스템을 기반으로 하고 있다.

이더리움은 비트코인과 비슷하지만 차이는 활용할 수 있는 범위가 더 넓다는 데 있다. 비트코인이 화폐 기능에 집중해 상거래나 금융과 관련한 결제 부분에 집중하는 것과는 달리 이더리움은 화폐의 기능은 부수적이라고 할 만큼, 블록체인 시스템을 기반으로 한 스마트 계약, 이메일, 전자결제 시스템 등 다양한 분야로 확장할 수 있는 것에 더 중점을 둔 암호화폐다. 비트코인보다 활용할 수 있는 분야가 많았기 때문에 나는 이더리움의 미래를 긍정적으로 예상하고, 이더리움만큼은 장기적인 투자를 하기로 결심했다.

처음 거래소에 등장한 이더리움의 가격은 약 6천 원 정도였고, 나는 채굴로 비트코인을 얻는 도중에도 비트코인을 팔고 학원 운영 수익을 동원해 계속해서 1년 동안 이더리움을 사 모았다. 처음 등장한

포트폴리오	주문	체결시각	주문량 ETH	체결량 ETH	평균체결가 KRW	체결금액 KRW	수수료	총체결
트레이딩 ∧	Sell	2016-12-31 13:07:27	800.0	800.0	10,053	8,042,075	16086 KRW	8,025,989
비트코인 (BTC)	Sell	2016-12-29 15:08:56	200.0	200.0	9,800	1,960,000	3921 KRW	1,956,079
비트코인 캐시 (BCH)	Sell	2016-12-27 22:16:15	225.0	225.0	8,900	2,002,534	4006 KRW	1,998,528
이더리움 (ETH)	Sell	2016-12-27 22:14:26	562.0	562.0	8,950	5,029,900	10062 KRW	5,019,838
이더리움 클래식 (ETC)	Sell	2016-12-26 11:54:23	100.0	100.0	9,085	908,463	1818 KRW	906,645
리플 (XRP)	Buy	2016-12-16 15:13:36	49.24336842	49.24336842	9,500	467,812	0.05853783 ETH	49.18483059
기타 디지털 자산	Buy	2016-12-16 07:15:23	6.22978723	6.22978723	9,400	58,560	0.01245957 ETH	6.21732766
ETH/BTC 환전	Buy	2016-12-07 01:27:35	120.48192771	120.48192771	8,300	1,000,000	0.24096385 ETH	120.24096386
ETC/BTC 환전	Buy	2016-11-29 17:53:23	1.08513089	1.08513089	9,550	10,363	0.00217026 ETH	1.08296063
입출금 ∨	Buy	2016-11-29 17:51:25	103.62694301	103.62694301	9,550	989,637	0.20725388 ETH	103.41968913
		2016-11-21	25.92051724			300,678	0.0518...	
	Sell		162.0989607	162.0989607	18,500		... KRW	2,992,833
	Buy	2017-02-28 10:06:25	162.42380831	162.42380831	18,470	3,000,009	0.32464761 ETH	162.0989607
	Sell	2017-01-07 11:26:43	708.51381795	708.51381795	12,553	8,893,957	17790 KRW	8,876,167
	Buy	2017-01-04 18:18:33	92.85714285	92.85714285	14,000	1,300,000	0.18571428 ETH	92.67142857
	Buy	2017-01-04 18:15:41	14.33691756	14.33691756	13,950	200,000	0.02867383 ETH	14.30824373
	Buy	2017-01-04 18:05:24	143.31829952	143.31829952	13,955	2,000,000	0.28663659 ETH	143.03166293
	Buy	2017-01-04 18:02:21	35.8422939	35.8422939	13,950	500,000	0.07168458 ETH	35.77060932
	Buy	2017-01-04 05:33:33	195.04180658	195.04180658	13,175	2,569,602	0.39000836 ETH	194.65172297
	Buy	2017-01-01 11:56:20	228.53722488	228.53722488	10,450	2,388,214	0.45707444 ETH	228.08015043
	Sell	2017-01-01 01:34:28	500.29896885	500.29896885	10,000	5,002,990	10007 KRW	4,992,983
	Sell	2017-01-01 01:33:35	500.0	500.0	10,011	5,005,622	10013 KRW	4,995,609

1년간의 이더리움 거래내역

개인적인 이유로 급히 처분해야 했지만, 계속 보유했더라면 결과는 여러분이 아는 대로일 것이다. 이더리움이 처음 거래소에 상장된 이후부터 약 1년여 동안 구입해 모은 나의 실제 거래내역이다.

상태에서는 아무래도 가격이 낮게 책정될 수밖에 없었고, 시간이 지나면서 오를 거라고 확신했기 때문에 채굴을 하지 않고, 거래소를 통해 꾸준히 확보한 것이다.

2015년 하반기부터 약 1년여 동안 나는 약 3,000개의 이더리움을 확보했는데, 당시 이더리움의 가격은 6천 원에서 1만 원으로 오른 상태였다. 이더리움을 구입하는 동안 가격이 오른다 해도 흔들리지 않고 투자하기로 했다. 초기부터 장기적인 목적으로 투자했기 때문에 나름대로 좋은 판단이었다. 그러나 갑자기 개인적인 문제로 처분할 수밖에 없었지만, 이더리움을 비롯한 암호화폐에 대한 자신감이 쌓이기 시작한 계기가 되었다.

보름 만에 3억을 번 이더리움 클래식

비트코인과 이더리움에 대한 나의 안목과 판단은 옳았고, 나름의 투자 성공을 거두고 있던 중 2016년 초, 이더리움 해킹 사건이 일어났고, 이를 해결하기 위해 이더리움 하드포크가 일어났다. 하드포크란 쉽게 말해서 하나의 암호화폐가 둘로 쪼개지는 것을 말한다. 이더리움이 '이더리움'과 '이더리움 클래식'으로 분리되었고, 2017년 8월, 비트코인이 '비트코인'과 '비트코인 캐쉬'로 분리되었다.

당시 나는 가지고 있는 이더리움의 개수만큼 이더리움 클래식을 공짜로 받았다. 이더리움의 가격 하락을 상쇄하겠다는 조치였지만,

당시 이더리움 가격은 폭락하고 있었다. 다만 공짜로 받은 이더리움 클래식은 발행량을 정하지 않은 이더리움에 비해 2100만 개로 발행량을 고정해 가격 상승의 여지를 남겨놓긴 했다. 그때 이더리움 클래

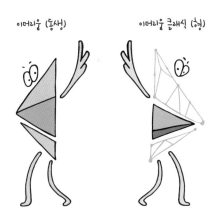

식의 가격은 $0.1 정도로 기억된다. 코빗 거래소에서 무료로 받은 이더리움 클래식을 유일하게 팔 수 있는 곳은 세계에서 5번째로 이더리움 클래식을 상장한 코인원 거래소뿐이었다.

나는 공짜로 받을 때만 해도 이더리움 클래식의 가치를 전혀 생각하지 못했지만, 코인원 거래소로 옮겨 팔아보니 300만 원에 달하는 수익이 생겨 즐겁게 공짜 돈을 챙기기도 했다.

이후 내 예상대로 이더리움 클래식의 가격도 상승하기 시작했다. 이더리움의 가격이 상승할 때 이더리움 클래식의 가격이 함께 상승한 것인데, 오르내리기를 반복하면서도 점점 1백 원에서 1천 원, 2천

원, 5천 원, 나중에는 무려 8천 원 선까지 올랐다.

그때 이더리움의 가격은 최고 48만 원 선을 기록했는데, 내가 다시 이더리움에 다시 투자하기에는 너무 높은 가격이라는 생각을 했다. 나의 직감은 다시 이더리움 클래식으로 향했다. 그때부터 이더리움 클래식을 사 모으기 시작했다. 나는 평균 8천 원 선을 매입가격으로 보고, 2017년 5월쯤 비트코인 채굴로 벌어들인 수익금 7천만 원을 투자해 이더리움 클래식을 매입했다.

이더리움 클래식을 사고 15일이 지나자 갑자기 가격이 움직이기 시작했다. 내 기억에 당시 비트코인의 국내 거래소 가격은 사상 최초로 480만 원을 기록했다. 나는 암호화폐의 가격이 아무래도 선두주

실제 이더리움 클래식 거래 현황
2017년 5월 초부터 평균값 8천 원에 구매한 이더리움 클래식을 7월 25일 모두 판매한 자료이다. 나는 불과 두 달 만에 2억여 원의 시세차익을 남겼다. 이 이익금은 그 이전 내가 수업이 단기 매도를 하여 취득한 이익의 약 10배에 달한다.

자인 비트코인의 가격 변동에 민감하게 반영될 것이라고 예상했는데, 아니나 다를까 이더리움 클래식도 큰 폭으로 가격이 상승하기 시작했다. 1만 2천 원, 1만 5천 원, 2만 원, 2만 5천 원, 3만 원, 그리고 7월이 되자 4만 원까지 가격이 올랐다. 그에 따라 내가 가진 7천만 원 상당의 투자금도 1억 2천만 원에서 시작해 3억 2천만 원까지 올랐다. 가슴이 두근거렸다.

그날 새벽, 모니터에 찍힌 3억 2천만 원이라는 숫자를 손가락으로 짚어가며 세어보았다. 지금까지 암호화폐 투자를 시작하면서 이렇게 두근거리고 짜릿한 투자는 처음이었다. 일단 가격이 상승했으니 서둘러 팔기로 결심했다. 조금 더 오를 수도 있을 것 같았지만, 어물쩍거리다가 기회를 놓칠까 봐 3만 7천 원까지 찍고 하강 곡선을 그릴 조짐이 보여 즉시 매도하기로 했다. 그런데 이게 웬일, 컴퓨터를 열고 매도를 클릭하는 순간 갑자기 거래소 사이트가 다운되었다. 그 순간 절호의 기회를 놓치는 게 아닐까 불안해 계속 접속을 시도했지만 불가능했고, 다음날 오후 2시에 거래소가 복구될 때까지 나는 거의 아무것도 하지 못했다.

오후 2시가 되어서야 거래소가 정상으로 돌아왔고, 이더리움 클래식 가격은 3만 2천 원으로 떨어진 상태였다. 내가 매도하려고 한 물량은 매도주문이 들어가지 않은 상태였고, 가격은 조금씩 떨어지고 있었다. 아쉽지만 더 떨어지기 전에 그 가격이라도 서둘러 팔아야 했다. 그런데 또다시 일이 생겼다. 이번엔 한꺼번에 매도할 수가 없었던 것이다. 코빗 거래소의 1회 최대 매도 제한 정책 때문이었다. 나는 어쩔 수 없이 보유한 이더리움 클래식을 여섯 번에 나눠 매도할 수밖에 없었는데, 그러는 사이에도 가격은 계속 하락하고 있었다.

결국 시간을 소모하며 겨우 전량을 매도할 수 있었는데, 모두 매도한 시점에서 내 수익은 약 3억 1천만 원이었다. 몇 차례의 매도 타이밍을 아깝게 놓치기는 했지만, 이더리움 클래식에 투자하고 처음 맛보는 수익이었다. 약 두 달 반이 걸린 이더리움 클래식 투자였다.

코빗 거래소에서 현금을 인출할 수 있는 한도는 1억 원이었기에 나는 세 번에 나눠 3억 원을 인출했다. 그리고 이체가 완료되고 나는 통장 거래내역에 찍힌 3억 원을 뚫어져라 바라봤다. 암호화폐 투자 2년 만에 처음 경험하는 큰 수익이었다.

여러분도 할 수 있어요.

리플로 시작한 장기투자

　이더리움 클래식의 수익금으로 채굴기를 구입하고 남은 돈은 모두 리플이라는 암호화폐에 투자했다. 리플은 비트코인과 이더리움에 이어 세계 3위의 암호화폐로 2012년에 도입되었고, 최대 발행량

^#	Name	Market Cap	Price	Volume (24h)	Circulating Supply	Change (24h)	Price Graph (7d)
1	Bitcoin	$137,495,734,000	$8235.25	$3,900,160,000	16,696,000 BTC	0.91%	
2	Ethereum	$36,682,090,166	$382.51	$945,590,000	95,898,131 ETH	4.80%	
3	Bitcoin Cash	$24,759,099,205	$1472.23	$2,685,040,000	16,817,413 BCH	23.67%	
4	Ripple	$9,243,959,181	$0.239339	$192,506,000	38,622,870,411 XRP *	1.79%	
5	Dash	$4,363,180,587	$566.27	$381,078,000	7,705,083 DASH	10.00%	
6	Litecoin	$3,877,264,696	$71.87	$170,525,000	53,951,533 LTC	1.97%	
7	IOTA	$2,509,996,452	$0.903029	$67,421,100	2,779,530,283 MIOTA *	-1.83%	
8	Monero	$2,481,226,501	$161.24	$196,518,000	15,388,024 XMR	10.52%	
9	NEO	$2,342,541,500	$36.04	$73,604,500	65,000,000 NEO *	0.39%	
10	NEM	$1,824,723,000	$0.202747	$7,426,070	8,999,999,999 XEM *	-0.96%	
11	Ethereum Classic	$1,754,007,927	$17.95	$108,317,000	97,708,154 ETC	-0.11%	
12	Qtum	$1,031,021,647	$13.99	$102,647,000	73,681,244 QTUM *	-0.99%	
13	Lisk	$959,840,529	$8.33	$119,659,000	115,188,512 LSK *	-14.51%	
14	EOS	$928,521,420	$1.88	$45,350,800	492,681,014 EOS *	-0.91%	

2017년 11월 23일 현재 암호화폐 거래량 순위
수많은 암호화폐 중 적어도 20위권 내에 오른 것들은 모두 투자가치가 있다고 판단하고 있다. 그중에서도 나는 장기투자를 위해 4위인 리플을 선택했다.
출처_https://coinmarketcap.com/

비트코인으로 매월 1억 번다 **03**

이 1000억 개로 한정된 암호화폐다. 사실 암호화폐가 활성화되면서 리플도 암호화폐의 일종으로 간주하지만, 사실은 금융권의 송금 시스템에 더 가까운 형태를 띠고 있다. 비트코인, 이더리움과는 달리 채굴이라는 개념은 존재하지 않는데, 우리가 리플이라고 부르는 것은 금융 기관에서 서로 주고받는 통화역할을 하는 토큰의 개념이기 때문이다.

'XRP'로 표시하는 리플은 2017년 10월 기준 약 300원이라는 낮은 가격 때문에 주식으로 치면 이른바 '동전주' 취급을 받기도 하고, 암호화폐 가치의 펀더멘탈 역할을 하는 비트코인 가격과 동떨어져 급락과 급반등을 거듭하는 가격 추이를 보이고 있다. 하지만 내가 장기 투자를 모색하며 리플에 투자하는 이유는 단순히 거래 순위 세계 3위라는 것 외에도 몇 가지가 있다.

① 리플의 배후에 구글이라는 세계적인 IT 기업이 있다
구글은 리플 지분을 보유하고 있으며, 이미 구글 벤쳐스에서 리플 투자를 확정했다.
② 소액결제용으로 특화된 코인이지만, 금융 거래의 중심이 될 것이다
미국은 물론 독일 등의 은행권에서 주도적으로 리플 결제 시스템을 구축하고 있다.
③ 향후 2~3년 이내에 은행의 역할이 점점 잠식될 때 리플은 침몰하는 은행과 함께 가장 큰 불꽃을 태울 것으로 예상한다.

리플은 가격이 싸기 때문에 암호화폐 투자 초보자들도 다른 암호화폐에 비해 상대적으로 적은 금액으로 많은 양을 구입할 수 있고, 가격 상승에 대한 수익률도 높다. 한편 리플은 발행 주체가 없는 다른 암호화폐와는 달리 'Ripple, Inc.'라는 리플 운영사에서 전적으로 발행하고 운영하고 있는데, 블록체인 시스템 기반의 암호화폐의 가진 가장 큰 특징인 탈중앙화 방식을 취하지 않는다는 점도 나름의 장점으로 작용한다. 물론 어디까지나 투자 측면을 말하는 것이다. 일정한 투자 주체가 있기 때문에 1~2년 정도의 중·장기 투자를 목표로 잡는다면 다른 암호화폐보다도 많은 투자수익을 가져다줄 것으로 예상하고 있다.

실제로 내가 비트코인에 투자한 이후로 비트코인이 약 15배가량 상승했지만 리플은 약 1천 배가량 상승했다. 내가 리플에 투자한 원금은 2천만 원이었지만, 지금 현재 시세를 반영하면 내가 보유한 리플은 약 4억 원가량의 가격 상승을 이루게 되었다.

트레이딩 투자는 멀리 보자

암호화폐 투자를 망설이는 분들은 대부분 어떤 암호화폐가 수익을 안겨줄지 몰라 쉽사리 투자를 결정하지 못하곤 한다. 그러나 걱정할 필요는 없다. 현재 우리나라에 개설된 거래소에 있는 암호화폐는 모두 투자가치가 있다. 여러 번 언급했지만, 외국 거래소에 등록된 암호화폐는 1천여 종이 넘는다. 거기에 아직 거래소 등록이 되지 않은 암호화폐도 상당하다.

암호화폐	거래소
비트코인	빗썸, 코인원, 코빗, 유빗, 코인피아, 코인플러그, 업비트
비트코인캐시	빗썸, 코인원, 코빗, 유빗
이더리움	빗썸, 코인원, 코빗, 유빗, 업비트
이더리움 클래식	빗썸, 코인원, 코빗
리플	빗썸, 코인원, 코빗, 유빗
퀀텀	빗썸, 코인원
라이트코인	빗썸, 코인원, 코빗, 유빗, 코인피아
대시	빗썸, 코빗
모네로	빗썸, 코빗
제트캐시	빗썸, 코빗
스팀	코빗
어거	코빗

2017년 11월 현재 우리나라 거래소에 상장된 암호화폐

* 업비트는 미국의 거래소 비트렉스(Bittrex)와 제휴를 맺고 2017년 11월 현재 118가지의 암호화폐를 상장했으나, 위 표에서는 제외했다. 그 이유는 업비트에서 거래하려면 비트코인이나 이더리움으로 바꿔야 하기 때문이다.

세계적으로 모두 합하면 약 2천여 종에 가까운 암호화폐들이 있는 셈이고, 지금 이 순간에도 어디에선가 만들어지고 있다. 이렇게 수많은 암호화폐들 가운데 어떤 것에 투자해야 할까? 내가 자신 있게 말할 수 있는 것은 우리나라 거래소에서 거래되는 모든 암호화폐는 투자해도 좋다는 것이다.

우리나라 사람들은 기본적으로 경제적인 득실을 따지는 데 뛰어나다. 우리나라 거래소에 들어온 암호화폐들은 이미 세계적으로 상위 1%에 오른, 이미 검증된 암호화폐들이다. 이걸 머리 좋은 우리나라 사람들이 다시 한 번 걸러 상장한 셈이다. 따라서 우리나라 거래소에 상장된 암호화폐들은 모두 장기적으로 투자가치가 분명한 것들이다.

암호화폐는 도입된지 얼마 되지 않아 주식보다 상대적으로 트레이딩 히스토리가 짧지만, 아무 거래소나 들어가 2년간의 가격변동 추이를 보자. 변동이 있기는 하지만, 주식처럼 하루아침에 휴짓조각이 된다거나 하는 일 없이 지속해서 가격이 크게 오른 것을 확인할 수 있을 것이다.

비트코인으로 매월 1억 번다

가장 싼 것으로 장기 투자를 하라

3년이 넘는 시간 동안 암호화폐 투자를 경험한 나는 이제 약간의 가격 차이로 인한 암호화폐 단기 매도를 하지 않는다. 채굴 투자와 함께 그동안 경험한 모든 감각을 살려 리플에 집중하고 있기 때문이다.

암호화폐에 투자하는 초보자들이 실수하는 부분이 있다면 단기 차익만을 목표로 하기에 대부분 조금만 올라도 금방 팔아 버릴 테지만, 나는 리플의 가격이 0.001달러일 때부터 지켜봤다. 그동안의 모든 투자 경험을 살려 리플에 투자한 나는 리플의 투자 적정 가격을 1 XRP 당 500원으로 보고 있다.

만약 500원 이상 가치가 상승한다면 매도시기를 잘 선택해야 한다. 개인적으로는 2017년 말 1천 원 정도 상승할 것으로 예상하고 있고, 2018년 말까지 1 XRP 당 2만 원 정도의 가치 상승을 예상하고 있다.

실제 나 역시 리플의 가치 상승을 기대하며 지속적으로 리플을 사고 있으며 현재 약 170만 XRP를 장기적 관점에서 모으고 있다. 가장 싼 것으로 장기투자를 하려는 주위 사람들에게도 리플 투자를 권하는 이유는 거래소에서의 단기 매도, 매수보다 장기적 관점에서 투자하기를 권하는 것이다.

그런데 누가 나에게 재미있는 질문을 하나 했다. 내가 장기적 관점에서 리플 투자를 권한다고 하자, "우리나라 사람이 전부 리플을 사면 어떡할래?"라는 질문이었다. 그러나 지금 리플에 투자하는 사람은 암

Buy	2017-11-02 02:51:25	89,285.714285	89,285.714285	224	20,000,000	178.571429 XRP	89,107.142855
Buy	2017-11-02 02:49:01	44,642.857142	44,642.857142	224	10,000,000	89.285715 XRP	44,553.571427
Buy	2017-10-20 06:12:57	40,485.829959	40,485.829959	247	10,000,000	80.97166 XRP	40,404.858299
Buy	2017-10-10 07:38:30	35,842.293906	35,842.293906	279	10,000,000	71.684588 XRP	35,770.609318
Buy	2017-10-08 20:34:28	34,602.076124	34,602.076124	289	10,000,000	69.204153 XRP	34,532.871971
Buy	2017-10-08 20:24:08	34,843.205574	34,843.205574	287	10,000,000	69.686413 XRP	34,773.519161
Buy	2017-09-27 09:01:56	47,846.889952	47,846.889952	209	10,000,000	95.69378 XRP	47,751.196172
Buy	2017-09-22 05:40:28	50,761.421319	50,761.421319	197	10,000,000	101.522844 XRP	50,659.898475
Buy	2017-09-17 14:08:14	50,227.417636	50,227.417636	199	10,000,000	100.454836 XRP	50,126.9628
Buy	2017-09-15 08:39:21	7,306.194594	7,306.194594	185	1,351,646	14.61239 XRP	7,291.582203
Buy	2017-09-15 03:09:40	49,517.875857	49,517.875857	202	10,000,850	99.035753 XRP	49,418.840104
Buy	2017-09-02 23:43:32	5,806.641434	5,806.641434	251	1,457,467	11.613283 XRP	5,795.028151
Buy	2017-08-30 13:52:31	8,145.383064	8,145.383064	248	2,020,055	16.290767 XRP	8,129.092296

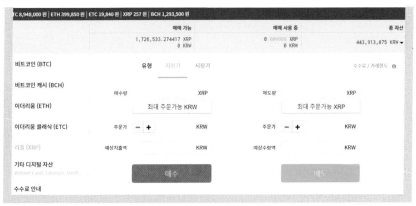

나는 리플의 가치가 상승할 것으로 기대하기 때문에 200만 개 보유를 목표로 리플을 모으고 있고, 지금까지 170만 개의 리플을 모았다.

호화폐 투자자들 중에서도 아무리 찾아봐도 우리나라 국민의 0.01%도 되지 않는다. 이 책이 베스트셀러가 되어 10만 명이라는 사람들이 내 얘기를 들었더라도 실제 투자할 사람이 얼마나 될까?

결론부터 말하면 단기 트레이딩을 통해 시세차익을 보는 것보다는 1년이나 2년의 장기적인 투자를 해야 수익을 기대할 수 있다. 주식이든 암호화폐 투자든 단기적인 시세차익을 노리는 투자가 주를 이루고 있지만, 단기 투자는 언론의 부정적인 추측성 뉴스에도 가격 변동이 심하다. 결국 확실한 펀더멘탈이 없는 상태의 암호화폐는 순전히 '심리적인' 요인에 의해 가격이 요동칠 수밖에 없다는 말이다. 이것은 주식투자를 경험한 사람이라면 더 잘 알 것이다. 고집스럽게 가격이 오를 것이라고 믿었는데, 자칫하면 바닥을 경험하게 될 수도 있다. 게다가 암호화폐 거래는 24시간 돌아가며 상한선과 하한선도 없다. 따라서 1년이나 2년가량 묵혀두는 셈 치고, 목표가를 정해 1년 단위로 투자하는 것이 좋다. 단타로 트레이딩을 했을 때 얻을 수 있는 수익은 1천만 원을 투자했을 때 10~20만 원뿐이다. 겨우 용돈 밖에 안 되는 수익보다는 큰 그림을 그리고 기다리는 것이 좋다.

내가 지금까지 여러분에게 투자 경험을 보여드리는 이유는 암호화폐 투자에 대한 마음의 벽을 허물어 누구나 경제적 부의 기회를 잡으라고 권하고 싶기 때문이다. 그러나 먼저 암호화폐와 블록체인 시스템이라는 새로운 패러다임을 이해해야 한다. 미래에 대한 고민 없이 투자하는 것은 그저 시세차익만을 노리는 '투기' 이상의 것을 떠올릴 수는 없다. 변화의 패러다임을 이해하고, 생각한다면 변화의 두려움을 떨칠 수 있을 뿐 아니라 새로운 세상을 주도적으로 준비할 수 있는 원동력이 될 수 있다. 암호화폐 투자서도 가치를 보는 눈이 생긴다.

(2) 색다른 매력, 비트코인 채굴 투자

비트코인 채굴에 빠지다

처음엔 실체가 없다고 생각한 비트코인을 거래해 돈을 벌었다는 사실에 신기하기도 했지만, 언제까지나 거래소를 통한 비트코인 단기 트레이딩 투자만 할 수는 없는 노릇이었다. 소액의 수익금이 들어오면 어느새 인출해서 소비하고 있었다. 비트코인으로 벌어들인 수익 100만 원, 200만 원도 적은 돈은 아니었지만 어쩌다 보니 생활비로 쉽게 없어졌고, 무엇보다 비트코인 트레이딩을 하기 위해서는 온종일 가격 등락과 경제 상황 등을 확인해야 했다. 학원을 운영하는 나로서는 이런 부분이 가장 부담이 됐다.

어느 날 구글 검색을 통해 비트코인에 관한 정보를 찾다가 우연히 크라우드 펀딩의 형식으로 비트코인 채굴을 대행하는 업체가 많다는 것을 발견했다. 채산성이 맞지 않아 직접 채굴할 수 없는 개인을 대신해 채굴 시스템을 갖춘 기업이 채굴기 투자를 받아 대신 채굴하는 시스템이었다. 채굴을 하기 위해서 투자자가 일정한 금액으로 채

굴기를 구매하고, 그 대가로 채굴되는 비트코인을 개인 투자자와 기업이 나누는 방식이었다. 채굴 대행을 통해 비트코인을 버는 것은 거래소를 통해 사고팔기를 계속할 때보다 더 많은 양을 확보할 수 있다는 장점이 있었다. 거래소를 통해 비트코인을 사려면 내가 가진 투자금의 한도 내에서만 가능하지만, 채굴 투자는 첫 투자금만으로 계속해서 비트코인을 얻을 수 있었다. 또한 벌어들인 비트코인으로 단기 매매는 물론 장기적인 안목으로 가격이 오르기를 기다렸다가 수익을 보는 방법으로 투자할 수도 있었다. 나는 크라우드 펀딩 방식으로 진행하는 채굴 투자를 했을 때 과연 어느 정도나 채굴할 수 있는지 궁금해졌다.

비트코인을 채굴하는 크라우드 펀딩은 투자비용이 생각보다 크지 않아 거래소에서 구입하기보다는 직접 투자를 하는 편이 좋겠다는 생각이 들었고, 채굴 투자 기업을 알아보기 시작했다. 내가 알아본 채굴 대행업을 하는 기업은 국내에 진출한 지 얼마 되지 않은 '비트클럽 네트워크'라는 외국 기업이었고, 아마존 알렉사에서 회사의 인지도를 검색하며 백오피스를 분석하는 등 며칠 동안 그 업체의 정보를 알아보았다. 그리고 해시율을 분석해 비트코인 채굴량이 얼마나 되며 합리적으로 분배하고 있는지 등을 나름대로 평가했다.

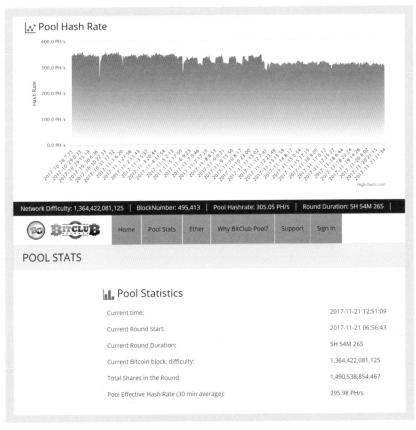

내가 투자한 기업의 최근 비트코인 채굴 해시율과 채굴풀 현황이다. 비트코인 채굴 난이도가 높아지기는 했지만 여전히 안정적인 해시율을 이어가고 있다.
출처_비트클럽네트워크 홈페이지

그때만 해도 크라우드 펀딩으로 비트코인 채굴에 투자할 수 있는 기업을 찾을 수 없었다. 그나마 내가 찾아낸 비트클럽 네트워크만이 크라우드 펀딩 방식으로 채굴 투자를 받고 있었고, 비트코인을 채굴하는 채굴 장비 한 대당 약 500만 원을 투자받고 있었다. 이 채굴 장비들을 이용해 24시간 블록 연산을 하고, 이렇게 얻은 비트코인을 업체와 투자자가 나누는 형태였다.

기업의 입장에서는 자신들의 암호화폐 플랫폼 사업을 위해 유저와 자금을 확보할 수 있다는 이점이 있었고, 투자자는 직접 채굴하는 데 드는 비용보다 적은 비용으로 채굴된 비트코인을 얻을 수 있다는 이점이 있었다. 신뢰할만한 기업이고, 성장 잠재력이 있다면 그 기업과 내가 함께 성장하고 싶다는 생각을 하기도 했다. 세상 누구든 혼자서 할 수 있는 일은 없다.

그러나 아무리 업체 정보를 검색하고, 채굴 시스템을 공부한다고 해도 생전 처음 보는 채굴 투자라는 형태와 검증되지 않은 업체를 100% 신뢰할 수는 없었다. 하지만 아직까지 국내에서 시도한 사람이 거의 없다는 점과 그동안 살펴본 대로 사회 각 분야의 판도를 뒤바꿀 만큼 혁신적인 블록체인 시스템에 대한 내 믿음은 분명했다.

장기적으로 분명히 가치가 상승하리라고 생각한 끝에 나는 불안한 마음과 희망 섞인 기대감으로 투자를 결정하고, 잃어도 좋다고 생각한 첫 투자금 2천만 원을 마련했다.

비트클럽 네트워크에 2천만 원을 송금하고 2015년 12월 10일 구입한 약 500만 원짜리 채굴기 4대가 나의 첫 채굴 투자의 시작이었다. 그리고 보름이 지났는데도 아무런 소식이 없었다. 난 '아, 내가 드디어(?) 사기를 당했구나' 하고 생각했다. 그런데 바로 그날, 내 계정을 열어보니 갑자기 없던 비트코인이 채굴되어 들어와 있었다.

나는 이게 진짜 비트코인이 맞는지 채굴된 비트코인 중 0.1 BTC를 국내 거래소 지갑으로 옮겨 테스트를 해보기로 했다. 실제 거래가 가능한 정상적인 비트코인인지 확인하고 싶었다. 조심스럽게 내 지갑 주소를 입력하고 확인 단추를 클릭하자 0.1 BTC가 지갑으로 전송되었다.

내 지갑으로 옮긴 비트코인은 실제 국내 거래소에서 거래할 수 있

당시 내 계정에서 국내 거래소로 0.1 BTC를 보낸 거래내역이다.

는 '진짜' 비트코인이었다. 나는 내친김에 시험 삼아 0.1 BTC를 거래소에서 팔아보기로 했다. 거래소에서 매도 주문을 넣자 곧 거래가 체결되었고, 당시 국내 시세로 거래소 수수료를 제외한 현금 3만 원가량이 내 계좌에 입금된 것을 확인했다.

이렇게 내가 채굴한 비트코인은 내게 투자 수익으로 바뀌어 들어왔고, 채굴 대행을 통하긴 했지만 내가 직접 비트코인을 채굴했다는 현실감이 몰려들며 전율이 왔다. 그제야 크라우드 펀딩 방식의 채굴 투자가 사기가 아니라는 것을 알았다.

비트클럽 네트워크는 우리나라 시간으로 매일 새벽 4시에 채굴 결과와 함께 채굴한 비트코인을 내 계정으로 보내왔는데, 처음 투자를 시작한 며칠 동안은 걱정과 흥분 속에서 잠도 자지 못하고 매일 새벽 일어나 들어온 채굴 결과를 확인했다. 내가 비트코인을 채굴한다는 흥분도 들었지만, 사실 언제 사기를 당할지도 모른다는 생각이 더 컸었던 것 같다. 채굴기 투자를 받는다고 하면서 투자자가 보낸 돈을 다시 다른 투자자에게 돌려막기를 하는 유사 수신업체, 이른바 '불법 다단계'도 있었으니까 말이다. 그러나 내 걱정은 기우였다.

채굴 투자의 신세계

비트클럽 네트워크라는 채굴 기업에 투자한 당시 내 계정에 들어온 하루 비트코인 채굴량은 채굴기 1기당 우리 돈으로 1천 원, 한 달에 3만 원 정도였다. 모두 4기를 투자했으니 한 달에 12만 원 정도였다. 투자한 금액에 비해 많다고 할 수 없었지만, 거래소를 통하지 않고 채굴을 통해 내 손에 비트코인이 들어온다는 생각에 적잖이 흥분했다. 무엇보다 걱정 반 기대 반인 첫 투자 결과가 실제 벌어졌다는 기쁨이 컸다.

나는 매일 새벽에 들어오는 채굴량을 하루도 배지 않고 기록했고, 그와 함께 비트코인의 적정 가치를 찾기 위해 국내외 경제상황도 매일 체크하며 나름의 분석을 이어갔다.

비트코인과 관련한 서적을 읽고 모든 뉴스를 체크하면서 거래소를 통한 비트코인 가격을 주시했다. 매일 새벽에 일어나 내 계정에 들어오는 채굴된 비트코인을 체크해 노트에 정리하는 일도 잊지 않았다. 그렇게 6개월여를 보내고 나니 솔직히 말해 비트코인 채굴의 매력에 빠져 십여 년 동안 운영하던 영어학원은 어느새 뒷전이 되어 버렸다. 채굴기 투자는 작게나마 확실한 수익을 거둘 수 있었고, 그동안 비트코인에 관한 공부도 했기에 나름대로 확신도 생겼다. 채굴을 시작하고 몇 달이 지나면서 나의 채굴 수익에 대한 데이터도 점점 쌓여 빅데이터가 되었다. 나는 그동안의 데이터와 채굴업체가 생성하는 블록 데이터를 확인하며 투자의 방향을 잡아나갔다. 나는 그간의 경험을 바탕으로 본격적으로 비트코인 채굴 투자를 하기로 마음먹었다.

당시 내가 투자한 최초 4대의 비트코인 채굴기는 한 기당 한 달 평균 약 3만 원, 총 12만 원의 수익을 내고 있었는데, 채굴 투자 형태에 대해 익숙해졌고 무엇보다 채굴 대행업체에 대한 신뢰가 쌓였기 때문에 채굴기를 추가 구입해 더 많은 수익을 내기로 했다.

본격적인 투자를 하기 위해서는 채굴기를 구입할 자금이 필요했는데, 나름의 확신이 섰던 나는 어머니와 딸아이를 위해 들어둔 정기예금을 해지해 채굴기 두 기를 더 구입하기로 했다. 당시 정기예금 이자는 1년에 5만 원도 채 되지 않는 낮은 금리였기 때문에 예금보다는 채굴기를 구입하는 것이 더 낫다는 생각이기도 했다. 추가로 2기를 더 구입해 총 6기로 채굴을 했는데, 한 달 동안 채굴된 비트코인을 거래소에서 팔아보니 약 20만 원 정도가 나왔다. 예금 금리를 훨씬 웃도는 투자가 된 것이다. 나는 이 정도의 금액에도 대단히 만족했다. 금액이 문제가 아니라 그간 공부하고 다져왔던 내 확신이 결과로 나타났기 때문이다. 이렇게 얻은 비트코인을 거래소로 옮겨 팔았는데, 비트코인의 가격이 한창 오를 때는 채굴 기당 월 5만 원 이상의 수익이 나기도 했다.

The central bank must be trusted not to debase the currency,
but the history of fiat currencies is full
of breaches of that trust.

우리는 **중앙은행**이 우리의 화폐 가치를
지켜줄 것이라고 믿지만 **신용화폐의 역사**는
그런 **믿음에 대한 배신의 연속**이었다.

나카모토 사토시

※※ "정체되는 많으면 내린다" (17:00) 3번에 15:00 ↓
매각하라.

〈670층 → 550층〉 (300층)

6/27 월

(08:14) ~~***~~ 0.26136 BTC (163.74$) M 2.51184

(guru)   M 2.72525

(guru1) 0.04585 BTC (28.72$)   M 2.51184

(guru2) 0.03933 (24.64$)   M   "

6/28 (화)

(08:14) 0.26954 BTC (174.52) M 2.51957
         0.27233 BTC (175.35)   "
         ETH 0.61 (0.0123 BTC) (7.94$)

√(gru)   M 2.73452
         ETH 15.66 (0.3146 BTC) (202.56$)

(guru1) 0.05081 BTC (32.90$) M 2.51957

당시 내가 받은 채굴량을 빠짐없이 기록한 노트이다. 메모처럼
비트코인 가격 변동 요인이라고 생각하는 부분도 빠뜨리지 않
았다.

(guru2) 0.0443 BTC (28.68$)   M   "
         ETH 2.97 (0.0597 BTC) (38.44$)

(25일) 급한일 단기로 29층 원 정도 ⊕시켰다. 흐름상 16800 계속 유지하길..

담담 새벽까지 그렇게 유지. B쪽 아침(25土) 아침에 보니 17300$

한의 어�렸다. 6백29층. (17300) = 300지수번 올네 | 17/00 NO.우리

6/26 (일) 주말이라 그런지 변동 띠라 (17300) 치다 2.2나. 17100은 우리
(18000) 예상했다. 해킹사건後 여러 변동은 못읽었다.

단기로 투입한 | (0814) 0.25638 BTC (167.79$) M 2.50407
것이다

18000 이상이면
나온다 | (guru) 0.00964 BTC (6.31$) M 2.71595
금세가예상되면
그대로 두고
세 솔을 | (guru1) 0.04086 BTC (26.74) M 2.50407
마련하겠다.

(guru2) 0.03435 BTC (22.48$) M "

* 25(土) 오전에 (17300)까지 올라갔다가 17000~17200
오전에 오가더니 오후부터 (17100)에 고정되어
* [우리 일이 없다.] 4불 17300 이 629층. 매입
떡 | 619층 유지. 내예상은 18000 이었라.

① 주말영향 ② 변동시 ③ 이제 다른호네 트라픽으
(즘. 일라 등.)

④ DOA 해킹여파 아직 doubt...

주말을 지나고 (月) 부터 우리 이길느지? (예상시)

* club 새에는 ETH 보수가 필라 (샤쓰音?

비트코인 쪼개기

 ## 집에서 혼자 채굴할 수는 없을까?

비트코인을 비롯한 암호화폐를 얻는 길은 딱 두 가지뿐이다. 거래소에서 돈을 주고 사거나, 채굴을 통해 얻는 것이다. 그런데 암호화폐 가격이 지속해서 오르자 채굴에 관심을 보이는 분들이 많아졌다. 나역시 지금도 채굴을 계속하고 있는데, 나는 직접 채굴 장비를 마련해 운영하는 대신 채굴 기업에 투자하는 크라우드 펀딩 형태로 채굴을 하고 있다. 그편이 훨씬 이득이기 때문이다.

그러면 개인적인 채굴은 안 되느냐고? 그렇지 않다. 개인적으로 채굴 장비를 마련해 채굴을 한다고 해도 법적인 문제 같은 것은 없다. 다만, 투자 대비 효과가 작기 때문에 나는 직접 채굴을 추천하지 않는다. 컴퓨터 전문가들 역시 개인 장비를 이용한 직접 채굴은 사실상 불가능하다고 입을 모은다.

개인이 직접 채굴을 하기 위해서는 먼저 채굴 장비를 마련해야 한다. 채굴 장비라는 것이 결국은 암호화한 문제를 풀어내는 컴퓨터를 말하는데, 비트코인에 대한 관심이 커질수록 채굴의 난이도도 계속해서 올라갔다. 난이도가 올라갔다는 것은 같은 장비로 채굴할 수 있는 비트코인의 양이 그만큼 적어졌다는 것이기도 하다.

비트코인 초창기에는 개인용 컴퓨터에 중앙처리장치인 CPU와 그래픽카드인 GPU를 병렬 구성하는 방식으로 채굴이 가능했지만, 암호의 난이도가 높아진 지금 개인용 컴퓨터 한 대를 돌려 채굴을 한다면 24시간 동안 수십 년을 돌려도 얻지 못할 정도가 되었다.

같은 돈을 투자해 얻을 수 있는 비트코인이 적어지면 다시 장비를 업그레이드하면 되겠다고 생각하시는가? 물론 맞는 말이다. 난이도가 올라간 만큼 새로운 장비를 갖추고, 여러 대의 컴퓨터를 연결해 채굴을 시도할 수 있다. 하지만 채굴기로 변신한 컴퓨터가 소모하는 전기 요금도 무시하지 못할 수준이다. 오히려 벌어들이는 비트코인보다 전기 요금이 더 많이 나오는 일까지 생기기도 한다.

결국 이제는 개인용 컴퓨터로는 사실상 채굴할 수도 없을뿐더러 전문적인 채굴 기업들이 등장해 엄청난 기기 투자를 하고 있기 때문에 직접 채굴보다는 채굴 전문 기업에 투자를 하는 것이 훨씬 효과적인 방법이다.

암호화폐 투자의 매력, 채굴 투자

비트코인 채굴 투자를 하고 있으면서 나는 학원 운영을 계속하고 있었는데, 비트코인으로 벌어들인 수익만으로도 생활에 불편함이 없을 정도의 수입이 발생했다. 그러나 비트코인 투자를 하면서 학원 운영에 신경 쓰지 못하는 날들이 많아졌고, 일주일간의 깊은 고민 끝에 나는 내 미래를 암호화폐와 함께하기로 결심해 결국 학원을 접기로 했다.

학원을 처분한 다음 이더리움 클래식으로 벌어들인 3억 원을 모두 채굴기에 투자해 채굴기를 추가 구입했다. 당시 4기에서 시작한 채굴기를 6기로 늘린 후, 이더리움 클래식으로 얻은 3억 원으로 비트코인 채굴기에 재투자해 총 50기의 채굴기를 운용했다. 그때는 채굴기 1기당 한 달 평균 20만 원을 약간 웃돌았고, 비트코인 가격에 따라 대략 월 500만 원을 채굴로 벌어들이고 있었다.

나는 암호화폐에 투자해 이익을 얻는 방법 중 하나로 가장 효율적인 것이 바로 채굴 투자라고 생각한다. 지금까지 나는 채굴 투자를 진행하면서 조금도 후회하지 않았고, 많은 사람에게 추천하고 있다.

앞서 캡처한 화면에서 확인할 수 있듯이 내가 2015년 12월경 2천만 원의 투자금으로 처음 구입한 비트코인 채굴기 4기로 지금까지 2년 동안 채굴한 비트코인 총량은 약 5.2 BTC다. 2017년 11월 말 비드코인 가격이 1천만 원이 되었으니 그것만 해도 벌써 5천2백만 원에 이른다. 지금은 비트코인으로 번 수익금을 꾸준히 채굴기에 재투자

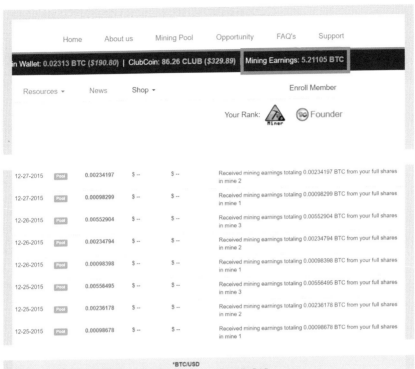

12-27-2015	Pool	0.00234197	$ --	$ --	Received mining earnings totaling 0.00234197 BTC from your full shares in mine 2
12-27-2015	Pool	0.00098299	$ --	$ --	Received mining earnings totaling 0.00098299 BTC from your full shares in mine 1
12-26-2015	Pool	0.00552904	$ --	$ --	Received mining earnings totaling 0.00552904 BTC from your full shares in mine 3
12-26-2015	Pool	0.00234794	$ --	$ --	Received mining earnings totaling 0.00234794 BTC from your full shares in mine 2
12-26-2015	Pool	0.00098398	$ --	$ --	Received mining earnings totaling 0.00098398 BTC from your full shares in mine 1
12-25-2015	Pool	0.00556495	$ --	$ --	Received mining earnings totaling 0.00556495 BTC from your full shares in mine 3
12-25-2015	Pool	0.00236178	$ --	$ --	Received mining earnings totaling 0.00236178 BTC from your full shares in mine 2
12-25-2015	Pool	0.00098678	$ --	$ --	Received mining earnings totaling 0.00098678 BTC from your full shares in mine 1

Date	Type	Bitcoin (BTC)	Value (USD)	*BTC/USD Price	Transaction Details
11-20-2017	Pool	0.00017987	$ --	$ --	Received mining earnings totaling 0.00017987 BTC from your partial shares in mine 3
11-20-2017	Pool	0.00010318	$ --	$ --	Received mining earnings totaling 0.00010318 BTC from your partial shares in mine 2
11-20-2017	Pool	0.00005817	$ --	$ --	Received mining earnings totaling 0.00005817 BTC from your partial shares in mine 1
11-20-2017	Pool	0.00043733	$ --	$ --	Received mining earnings totaling 0.00043733 BTC from your full shares in mine 3
11-20-2017	Pool	0.00018099	$ --	$ --	Received mining earnings totaling 0.00018099 BTC from your full shares in mine 2
11-20-2017	Pool	0.00007563	$ --	$ --	Received mining earnings totaling 0.00007563 BTC from your full shares in mine 1
11-19-2017	Pool	0.00018102	$ --	$ --	Received mining earnings totaling 0.00018102 BTC from your partial shares in mine 3

최초 구입한 채굴기 4대 중 1대의 현황 화면이다. 가장 위쪽 화면의 우측 상단 초록색으로 표시된 부분은 지금까지 꾸준히 채굴한 비트코인을 보여준다. 가운데 화면은 2015년 12월 처음 채굴을 시작한 화면이며, 아래는 최근인 2017년 11월까지도 계속되는 채굴되는 현황을 보여준다.

비트코인으로 매월 1억 번다   03

해 총 130기의 채굴기를 운용하고 있고, 월 수익은 약 1억 원에 달한다. 결국 2천만 원으로 2년 만에 월 1억 원의 꾸준한 수익을 달성한 것이다. 게다가 비트코인 가격이 꾸준히 오르고 있어 앞으로 수익금이 더 늘어날 것으로 보고 있다. 이런 수익률은 비트코인 채굴이 아니고서는 존재하지 않는다.

그런데 앞서 설명했지만, 채굴이 계속될수록 비트코인 채굴 난이도가 점점 올라가고 그에 따른 채굴기 업그레이드는 물론 지속적으로 관리하면서 발생하는 비용 문제로 개인이 비트코인 채굴을 하기에는 비효율적이다. 결국 채굴을 하기 위해서는 채굴을 전문적으로 하는 채굴 기업의 도움을 받아야만 하는데, 과연 수많은 채굴 기업 중 어떤 기업이 안전한 곳인지 잘 따져야만 한다. 얼마 전까지만 해도 채굴 투자를 받는다며 투자자를 모집하고, 투자금을 돌려막기 하는 유사수신 업체나 불법 다단계 업체들이 난립하기도 했으니 초보자라면 반드시 경험자의 조언에 따라 채굴 투자를 진행해야 피해를 막을 수 있다.

내가 초보자들에게 적극적으로 권하는 채굴 기업은 지난 2년 동안 내가 직접 투자하며 가능성을 확인한, 앞에서도 잠깐 설명했던 '비트클럽 네트워크(Bitclub Network)'라는 곳이다.

비트코인의 현황을 확인하고, 지갑을 생성할 수 있는 '블록체인인포(https://blockchain.info)' 사이트에서는 현재 비트코인을 채굴하고 있는 마이닝 풀의 점유 현황을 알아볼 수가 있는데, 아래의 그

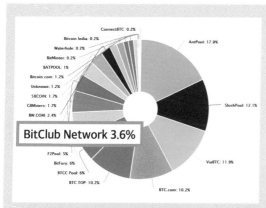

확인된 블록	
릴레이된 곳	합계
AntPool	75
SlushPool	51
ViaBTC	50
BTC.com	43
BTC.TOP	43
BTCC Pool	25
BitFury	25
F2Pool	21
Bixin	17
BitClub Network	15
1Hash	13
BW.COM	10
GBMiners	7
58COIN	7
Unknown	5
Bitcoin.com	5
BATPOOL	4
BitMiner	1

비트코인을 채굴의 블록 점유율을 나타낸 그래프이다. 이 중 가장 큰 'AntPool'은 이른바 '개미풀'로 개인 채굴자들을 말하고, 그다음으로 큰 곳들은 모두 중국의 채굴회사들이다. 비트클럽 네트워크는 2017년 11월 현재 약 3.6%의 점유율로 블록을 생성해 비트코인을 채굴하고 있는데, 수많은 채굴 기업 중에서도 10위권 내에 드는 기업이다.

림처럼 나타난다.

채굴에 관한 한 내가 이 기업을 적극적으로 추천하는 이유는 신뢰를 기반으로 하는 동반성장이라는 배경에 있다. 2014년 9월에 출발해 우리나라에 진출한 이 기업은 단순히 채굴을 목적으로 하는 회사가 아니라 블록체인 시스템과 이를 이용한 전자결제 서비스를 준비하는 기업이다.

나는 지난 이 기업의 비트코인 채굴 역사가 충실한 편이라고 판단했는데, 내가 주목했던 부분은 이 기업이 채굴에만 집중하는 것이 아니라는 데 있다. 채굴 이상의 것을 목표로 시장을 확대하고 있기 때문인데, 블록체인 시스템을 기반으로 하는 금융·결제 시스템과 암호화폐 플랫폼 서비스가 이 기업의 목표이기 때문에 가능한 것으로 판단했다. 어떤 기업이라도 사업을 영위하기 위해서는 사용자가 많아야 하고, 사용자가 많으면 기업의 목표를 수월하게 달성할 수 있다. 쉽게 말해 포털 사이트에서 사용자들을 끌어들이기 위해 이메일 계정과 웹 저장 공간을 무료로 제공하는 것과 같다. 다른 기업이라면 큰 비용을 들여 사용자 유치를 해야 하지만, 이런 형태의 기업은 사용자와 기업이 함께 성장할 수 있는 기반을 마련하는 윈-윈 형태를 꾀한 것이다.

내가 이 채굴기업을 선택한 이유는 당시만 해도 채굴기 크라우드 펀딩을 할 수 있는 기업이 이곳 말고는 전무하기도 했지만, 무엇보다 안정적이고 투명성이 있다는 판단을 했기 때문이다. 채굴 투자는 어떤 종류의 암호화폐를 채굴한다 하더라도 결국에 가장 중요한 건 오래 살아남을 기업이라는 믿음이 있어야 하고, 생성된 블록을 투자자가 확인할 수 있어야 하는 투명성이 담보되어야 한다. 내가 이 기업에 대한 신뢰와 투명성을 확인했던 에피소드가 있다. 내가 이더리움에 투자하는 도중 이더리움 하드포크가 일어났을 때였다. 하드포크가 된 이후 이 기업에서 이더리움을 가진 만큼 이더리움 클래식을 무료로 제공하겠다는 공지를 낸 적이 있었다.

하드포크로 인해 둘로 쪼개진 이더리움 가격은 잠시 하락했지만 이내 제자리를 찾았고, 문제는 가격이 낮은 이더리움 클래식이었다. 나 역시 하나에 우리 돈 100원 정도밖에 하지 않았던 이더리움 클래식에 별다른 신경을 쓰지 않고 있었다. 무료로 준다던 이더리움 클래식을 오랜 시간 잊고 있었던 것이다. 그런데 1년 반이 지난 최근에 그 기업으로부터 채굴 리포트와 함께 이더리움 클래식이 들어오기 시작했다. 나뿐만 아니라 투자하던 사람들도 놀랐을 것이다. 낮은 가격이기도 했고, 이미 이더리움 가격도 제자리를 찾은 후 상승하고 있었으니 누구도 신경 쓰지 않았던 것이다. 그런데 그 기업은 사용자들에 대한 약속을 지켜 신뢰를 쌓았고, 정확한 채굴 데이터를 함께 보내 투명성까지 담보된 일종의 '사건'이었다. 그동안 비트코인의 인기에 영합해 불법 다단계 형태로 수많은 투자자들을 울리는 기업의 소식을 들었던 터에 이런 비트클럽네트워크의 행동은 나에게 신선하게 다가왔다.

지금 내가 투자하고 있는 비트코인 채굴기는 총 130기에 월 수익은 약 1억 원에 달한다. 그런데 순수하게 채굴을 통해 벌어들이는 수익 외에 다른 수익이 하나 더 있다. 내가 투자하는 비트클럽 네트워

이더리움 하드포크 이후 이더리움 수만큼 무상으로 받은 이더리움 클래식

크의 투자 시스템 덕분인데, 내 추천으로 채굴기에 투자한 사람이 있으면 그만큼의 소개 수당을 받는 것이다. 현재 내가 받는 수익금도 월 1억 원가량이다. 세계적으로 금을 트레이딩 하는 기업들이 채용하고 있는 방식인데, 비트코인 채굴기업 중 이런 형태를 채택한 것은 비트클럽 네트워크가 처음이었다.

이 기업이 단순한 채굴만을 전문적으로 하는 것이 아니라는 것은 투자자들에게 끊임없이 부가가치를 제공하고 있다는 것을 보더라도 알 수 있다. 비트클럽 네트워크는 블록체인 시스템을 기반으로 새로운 암호화폐인 클럽코인을 만들고, 금융결제 플랫폼을 만들어 서비스를 준비하고 있는데, 전 세계에서 가장 다양한 암호화폐를 거래할 수 있는 미국의 거래소 비트렉스에 상장한 '클럽코인'을 비트코인 채굴기를 구입한 사용자들에게 무료로 제공하고 있다.

클럽코인은 현재 비트렉스 거래소에서 약 1.5달러에 거래가 시작되었고, 우리나라 거래소에도 2017년 말 상장되었다. 나 역시 이 기

업으로부터 클럽코인을 제공받았는데, 내가 받은 클럽코인의 2017
년 11월 말 시세는 약 5달러이다. 원-달러 환율을 1,100원으로만 쳐도

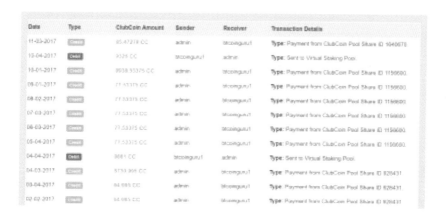

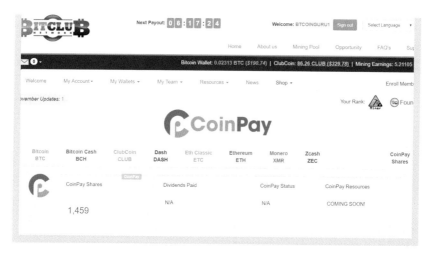

실제 내가 지급받은 클럽코인(CC)와 코인페이 지분이다. 지금은 클럽코인이 거래소에
상장되었기 때문에 더 이상 지급하지는 않는다. 상장코인페이는 신규 투자자에게 현재
1,500여 개 정도를 지급하고 있다.

5,500원에 달한다. 그뿐만 아니라 사용자 모두에게 금융결제 플랫폼인 '코인페이'지분을 무려 2,000개씩 제공하고 있다.

초심자의 채굴 투자법

사실 암호화폐 시장에서 가장 지배력이 큰 비트코인을 앞세워 거래소에서도 검증되지 않은, 이른바 '그들만의 코인'으로 투자자를 유혹하는 기업도 많은 게 현실이다. 앞서 언급한 것처럼 이런 불량 코인들 중에는 심지어 거래소에 상장도 되지 않고, 투자자들의 자금을 다른 투자자에게 돌려막기 하는 다단계 업체들도 있다는 것은 이제 많이 알려졌다.

특히 얼마 전에 많은 투자자에게 인기를 끌었던 이더리움 채굴 투자업체가 얼마 안 가 문을 닫아버리고 말았다. 아직까지 암호화폐 투

자에 대해 아무 제도적 장치가 없는 마당에 결국 안전하고 믿을 수 있는 채굴 투자기업을 고르는 것이야말로 소중한 투자금을 보호할 수 있는 안전장치라는 것을 알아야 한다.

결국 개인적으로 직접 채굴을 할 수는 없는 상황에서 가장 효과적

으로 채굴을 할 수 있는 방법은 믿을만한 채굴기업과 함께해야 한다는 것이다. 그리고 이 협업은 사용자의 수익과 채굴기업의 수익이 연결되어 모두 신뢰할 수 있고, 반드시 함께 만족할 수 있는 결과로 도출되어야 한다. 나는 지난 2년여 동안 수많은 유사수신업체의 몰락을 지켜보면서 내가 투자하는 이 기업에 대한 믿음이 더 커질 수밖에 없었다.

내 권유를 듣고 반신반의하던 사람 중에서 실제 채굴기를 구입해 만족하지 않는 사람은 단 한 명도 없었으며, 이 기업의 채굴기를 구입한 전 세계의 사용자 중 단 한 명의 피해자도 발생하지 않았다. 이것은 운이 좋아서가 아니다. 기업을 운영하는 경영자의 마음이 모든 사용자와 동반성장하겠다는 철학이 바탕이 되었기에 가능한 일이다.

지금까지의 돈, 그러니까 화폐는 사람들의 마음에 따른 가치가 부여되었고, 갑자기 우리 곁에 다가온 암호화폐는 사용자들의 마음을 표상하는 상징이다. 이러한 바탕 속에서 전 세계 150만여 명의 사용

지난 2017년 12월 1일 킨텍스에서 비트클럽 네트워크의 결제 시스템인 코인페이가 론칭되었다

비트코인으로 매월 1억 번다

자들의 마음을 향해 있는 이 채굴기업에 내 마음이 빼앗기기까지는 그리 오랜 시간이 걸리지 않았다. 그리고 나는 과감히 여러분에게 이곳을 추천하는 것이다. 이미 우리나라에서도 5만여 명이 이 회사에 투자하고 있다.

나는 2015년 말부터 직접 부딪히며 채굴 투자에 관한 연구와 경험을 통해 나름대로 하나의 기준을 갖게 되었다. 채굴 투자라는 것은 기본적으로 나를 위해 다른 사람이 대신 채굴해 얻은 비트코인을 나눠주는 것이다. 그런데 비트코인 가격은 끊임없이 오르고 있다. 과연 채굴해서 모은 비트코인 전부를 채굴 투자자에게 넘겨주는 회사가 있을까? 여기에 나는 회의적이다. 실제로 크라우드 펀딩을 하는 회사들은 채굴한 비트코인을 일정하게 사용자와 나누는 방식으로 진행되고 있다. 내가 투자하는 기업은 비트코인 채굴기 하나에 약 500만 원으로 투자를 받고 있는데, 이 채굴기는 한 기당 월 20만 원가량의 수익을 올릴 수 있다.

비트코인 채굴 투자 사례

실제로 비트코인 채굴에 투자한 지인의 사례를 소개한다. 한 분은 약 1천만 원으로 두기를 구입한 분이고, 다른 한 분은 약 1억여 원으로 20기를 구입한 분이다.

먼저 두 기를 구입한 분은 직업군인으로 복무하면서 육군 헬리콥터 조종사 출신 지인인데, 전역 후 현재 행복 웃음 전도사로 8년간 강연을 하고 있는 고종태 박사다. 물론 동의를 받았지만, 신상을 밝히는 것은 비트코인 채굴 투자에 관한 확신과 결과가 없이는 곤란할 것이다.

			총 자산
			1,557,709 KRW ▾

주문	체결시각	주문량 BTC	체결량 BTC	평균체결가 KRW	체결금액 KRW	수수료	총체결
Sell	2017-11-19 00:34:37	0.62	0.62	8,470,000	5,251,400	10504 KRW	5,240,896

		Next Payout: 0 5 : 3 8 : 5 9		Welcome: KOJONGTAE12 Sign out	Select Language
			Home About us Mining Pool Opportunity FAQ's		
06-12-2017	Pool	0.00067181	$ --	$ --	Received mining earnings totaling 0.00067181 BTC from your full shares in mine 2
06-12-2017	Pool	0.00028330	$ --	$ --	Received mining earnings totaling 0.00028330 BTC from your full shares in mine 1
06-11-2017	Pool	0.00153278	$ --	$ --	Received mining earnings totaling 0.00153278 BTC from your full shares in mine 3
06-11-2017	Pool	0.00067791	$ --	$ --	Received mining earnings totaling 0.00067791 BTC from your full shares in mine 2
06-11-2017	Pool	0.00028407	$ --	$ --	Received mining earnings totaling 0.00028407 BTC from your full shares in mine 1
06-09-2017	Pool	0.00153454	$ --	$ --	Received mining earnings totaling 0.00153454 BTC from your full shares in mine 3
06-09-2017	Pool	0.00068819	$ --	$ --	Received mining earnings totaling 0.00068819 BTC from your full shares in mine 2
06-09-2017	Pool	0.00028665	$ --	$ --	Received mining earnings totaling 0.00028665 BTC from your full shares in mine 1
06-10-2017	Pool	0.00153432	$ --	$ --	Received mining earnings totaling 0.00153432 BTC from your full shares in mine 3
06-10-2017	Pool	0.00068200	$ --	$ --	Received mining earnings totaling 0.00068200 BTC from your full shares in mine 2
06-10-2017	Pool	0.00028521	$ --	$ --	Received mining earnings totaling 0.00028521 BTC from your full shares in mine 1

고종태 박사가 처음 매도한 비트코인 거래 내역과 채굴기의 채굴 내역이다.

비트코인으로 매월 1억 번다 03

고종태 박사는 오랫동안 주식투자를 하며 투자금을 손해 보기도 했단다. 2017년 들어 비트코인 뉴스가 여기저기서 들리고 가격이 들썩인다는 소식을 듣기 전까지는 비트코인이 뭔지도 몰랐었다. 그러다가 우연한 기회에 나를 알게 되었고, 내가 투자 상담을 하게 되었다. 그러나 아무리 설명을 해도 비트코인의 기술적인 부분이나 수익성을 구체적으로 알기에는 한계가 있었고, 나는 일단 적은 금액으로 투자를 시작해보라고 권했다. 경험만큼 좋은 것도 없기 때문이다.

나는 3년여에 걸친 투자 경험을 바탕으로 비트코인 채굴 투자에 관해 확신이 있었기 때문에 그분이 1천만 원을 투자하기로 했을 때 과감히 내가 직접 그 투자 원금을 보장하겠다는 약속까지 했다.

내 권유대로 고종태 박사는 2017년 5월 27일, 약 1천만 원을 투자해 비트코인 채굴기 두 기를 구입해 채굴 투자를 시작했다. 새로 구입한 채굴기는 약 10여 일 후인 6월 10일부터 채굴된 비트코인을 보내왔고, 고종태 박사는 2017년 11월 19일, 그동안 받은 비트코인 일부를 국내 거래소로 옮겨 매도했다. 그때 매도한 금액은 우리 돈으로 약 520만 원이었고, 같은 날 채굴 계정에 남아있는 비트코인은 우리 돈 약 2백여만 원이었다.

1천만 원을 투자해 6개월이 채 안 되는 사이 벌써 770만 원을 회수한 것이다. 고종태 박사의 비트코인은 지금도 계속해서 채굴되고 있고, 1년이 되기 전에 원금 회수가 가능하다는 판단을 했다. 아마 지금쯤이면 투자원금을 모두 회수하고 수익을 올리고 있을 것이다. 채굴

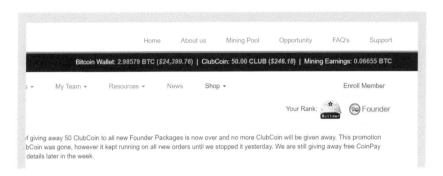

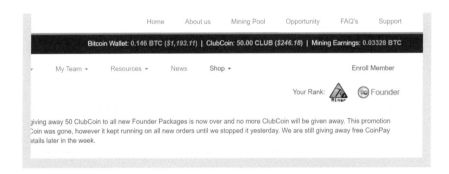

김성한 법무사의 채굴 투자 화면이다. 아이디 'THEWOO'와 'THEWOO1'에서 채굴된 비트코인 보류량을 확인할 수 있다. 아래 거래 내역은 2017년 10월 26일부터 시작한 비트코인 채굴 내역이다.

의 매력을 맛본 고종태 박사는 계속해서 나를 만나 채굴기 보유 대수를 늘리고 싶다고 했고, 다시 지인들에게 추천하면서 조만간 채굴기를 크게 늘릴 생각이라고 한다.

또 다른 지인은 나의 오랜 친구로 법률사무소를 운영하는 김성한 법무사다. 이 친구는 원래 재산이 많아 '부잣집 도련님'이었는데 역시 나를 통해 비트코인 채굴 투자를 시작했다. 나는 친구에게 재산이 많이 있으니 1년가량 안 쓸 돈이라고 생각하고 과감히 투자하라고 권했고, 친구는 2017년 9월 25일부터 1억 원을 투자해 채굴기 20기를 운영하기 시작했다. 그리고 약 한 달 뒤인 10월 26일부터 비트코인이 채굴되어 들어오기 시작했다.

채굴 투자를 시작한 이후부터 이 친구는 법무사 일이 끝나기가 무섭게 집에 돌아와 채굴된 비트코인 양을 확인하기 바빴다. 어떤 직업을 갖고 있든지 일을 하면서 스트레스를 받지 않을 수는 없다. 그리고 직장에서 받는 스트레스는 흔히 가장이 짊어져야 할 짐으로 여기기도 한다.

내 친구도 마찬가지였다. 돈을 버는 일이지만 법무사를 운영하며 받는 스트레스로 힘들어하다가도 비트코인 채굴기를 통해 스트레스 받는 일 없이 자동으로 수익이 생기자 세상에 이런 투자는 처음 봤다며 매일 아침 채굴 현황이 들어오는 현황을 나보다 더 열성적으로 들여다보고 있다.

비트코인 채굴 시스템을 잘 모르는 사람들은 나에게 다단계가 아니냐고 한다. 그럼 나는 다시 그 사람에게 되묻는다. 비트코인 채굴을 크라우드 펀딩 형식으로 운영하는 곳은 외국의 회사인데, 당신은 어떻게 채굴을 시작하겠는가?

나는 많은 암호화폐 투자자이 불법 다단계 업체들의 상술에 빠져 손해를 봤기 때문에 사용자 네트워크로 이뤄지는 도급제 방식에 거부감이 있다고 생각한다. 그러나 불법 다단계 업체들에 피해를 보지 않으려면 비트코인을 비롯한 암호화폐에 대한 본질적 이해가 먼저 되어야 하고, 이해를 바탕으로 한 신뢰가 투자로 이어져야 한다. 내가 가까운 지인부터 시작해 더 많은 사람에게 비트코인 채굴을 권유하는 이유다.

외국에서 크라우드 펀딩을 받는 채굴기업이 전 세계 모든 140여만 명 투자자를 위해 나라마다 지사를 설립하기는 현실적으로 힘들다. 그렇다면 누군가 채굴 투자를 할 수 있도록 선험자를 통한 마케팅 방식의 도급제가 필요한 것이다. 또한 이 기업이 계획하고 있는 지급 결제 시스템을 성공적으로 정착시키고 운영하기 위해서는 앞서 언급했듯이 많은 사용자를 필요로 한다. 이런 이유 때문에 채굴하는 비트코인 수익의 대부분을 실제 투자자에게 지급하는 등 사용자 확보의 방식으로 활용하는 것이다. 자, 누가 이 기업의 비트코인 채굴 투자를 다단계라고 할 수 있는가?

비트코인의 가격을 잡아라

　내가 채굴을 하던 초기, 비트코인 가격은 순식간에 오르고 내리기를 반복했다. 어떤 날은 1 BTC에 35만 원이 될 때도 있었고, 어떤 때는 45만 원까지도 올랐다. 또 어떤 날은 이유 없이 30만 원 밑으로 떨어질 때도 있었다. 나는 이렇게 요동치는 비트코인의 가격변동에 대해 감이 전혀 없었다. '무릎에서 잡아 어깨에서 팔기'도 소용이 없을 정도였다. 때로는 충분히 저점이라고 생각한 가격임에도 불구하고 더 아래로 곤두박질칠 때도 있었고, 이제 팔아야겠다는 생각한 적정한 고점이라고 생각했을 때 팔았는데 계속해서 오른 적도 많았다.

　채굴과 투자도 중요하지만 나는 이 가격변동의 기준이 더 필요했고, 정보를 얻기 위해 여러 인터넷 사이트를 오가며 정보를 섭렵했다. 때로는 달러화 환율까지 체크하며 비트코인의 가격변동 요인을 찾으려고 애썼다. 환율이 내려갈 때는 비트코인 가격이 대체로 오르는 경향을 보였고, 반대로 환율이 오를 때는 비트코인 가격이 내려가는 경향을 보인 것마저도 나의 아마추어적인 기준에 들어갔다.

　달러 환율이 올라갔다는 건 돈이 모였다는 소리였고, 모인 돈은 투자처를 찾기 마련이라고 생각했다. 그리고 이 돈들이 비트코인 투자에 몰려 비트코인의 가치가 함께 상승할 것으로 예상했다. 물론 전적으로 달러화 환율만으로 비트코인 가격 변동이 일어나는 것은 아니었지만, 적어도 상관관계는 있다는 생각이 들었다. 나는 환율 외에도 금 시세를 파악하는 등 나름대로 기준을 찾기 위해 비트코인 외적인 요인들을 함께 체크하기도 했다. 물론 이것들이 비트코인의 가치를 결정하는 요소들은 아니었지만, 어떻게든 그 기준을 찾아내고 싶었다. 그러다가 한 가지 알게 된 사실이 있는데, 해외 언론사에서 쏟아내는 비트코인에 관한 소식이 있을 때도 가격을 결정하는 요인의 일부라는 것을 알았다. 주식과 같이 확실한 펀더멘탈이 없는 이상 비트코인의 가치를 매기는 것은 결국 사람의 심리였고, 이 과정에서 긍정적인 뉴스나 부정적인 뉴스는 그대로 비트코인 가격에 반영되고 있었던 것이다.

이렇게 다양한 정보를 통해 등락을 거듭하고, 어떨 때는 수십 일 동안 움직이지 않는 비트코인을 지켜보니 가격 변동에 관한 내 예상은 점점 그 오차범위를 좁혀가고 있었고, 이런 경험적 판단을 바탕으로 '운이 좋은 날'은 하루에 200만 원의 이익을 거두기도 했다. 엄청난 스릴이었다. 비트코인 거래를 하는 동안 나는 단 한 차례도 손실을 보지 않았다.

비트코인 채굴을 통해 수익이 늘어가는 동시에 점차 트레이딩 투

비트코인으로 매월 1억 번다 **03**

자에 관한 자신도 생기기 시작했다. 지금까지 여러 분석을 통해 살펴본 가격변동 추이는 단순했다. 비트코인 가격은 시장이 부정적일 때 하락하고, 부정적이지 않을 때는 다시 상승하는 형태를 보였다. 시장이 부정적이라는 것은 비트코인에 관한 부정적인 기사나 여론, 국제 정세의 영향 등을 들 수 있었다. 유럽을 떠들썩하게 한 브렉시트 이후 불안하던 비트코인 가격은 86만 원에서 이틀 만에 60만 원 밑으로 떨어졌다. 미국 트럼프 대통령이 당선될 때도 가격 변동이 급격하게 일어났다. 그러나 부정적인 영향에서 벗어나는 즉시 가격은 다시 상승했다. 이것은 비트코인의 잠재력을 시장이 인정하고 있다고밖에 볼 수 없었는데, 2016년 연말에 90만 원 선에서 머물다가도 2017년 들며 100만 원을 돌파했다.

나는 이런 패턴을 분석해 가격이 하락하면 반대로 사고, 가격이 오를 때 팔기를 반복해 수익을 남겼다. 채굴 수익과 트레이딩 수익을 합해 계속 비트코인을 사들였는데, 작게나마 채굴과 거래를 통해 수익을 맛보던 나는 점차 거래량을 늘려갔고, 사고파는 단위가 계속해서 커져갔다. 비트코인의 가격 변동 추이에 관해 나름의 자신이 붙었을 때는 트레이딩을 하며 과감히 1천만 원 단위로 구입하기도 했을 정도였다. 그러는 동안 내가 채굴하는 비트코인도 꾸준히 쌓이고 있었다. 지금도 비트코인 가격은 오르내리기를 반복하고 있지만, 나는 장기적으로 비트코인의 가치가 더 오를 것이라고 확신하고 있다.

재미있는 것은 지금까지 비트코인 가격 추이를 지켜보며 오를 것이라는 내 예상이 대부분 맞아떨어졌다는 것이다. 지금 소개하는 것은 재미로 읽어도 좋다. 그러나 내가 운영하고 있는 네이버 포스트 '

비트이더구루(bitethguru)'를 검색해보면 그때 기록한 내용이 지금도 남아 있다.

비트코인의 가격을 예상하는 것은 '맞으면 좋은 거고, 아니면 말고' 하는 식이 아니었다. 지금도 그렇지만 나는 그때부터 암호화폐와

2016. 10. 6.	당시 비트코인 가격이 한화 약 690,000원이었고, 10월 중 700달러를 돌파할 것으로 분석했다.
2016. 10. 29.	비트코인이 695달러를 기록하며 내 분석에 근접했다. 그런데 5달러가 모자랐다고?
2016. 11. 1.	위에서 모자란 5달러까지 꽉 채워 이날 무려 720달러를 돌파했다.

당시 비트코인을 지켜보며 기록한 포스트 내용이다.

관련한 온갖 데이터와 언론 기사, 그간 쌓아온 투자 경험, 그리고 무엇보다 이것을 바탕으로 한 내 직감을 동원해 예상했다. 직감이란, 결국 다른 소리에 흔들리지 않고 내 생각을 중심에 두고 밀고 나간다는 것이기도 했다. 온전히 '나'를 위한 분석이었다.

나는 2015년 하반기에 비트코인 가격이 30만 원가량 할 때부터 지금의 가격을 예상했고, 내 예상이 맞는지 직접 확인하고 싶었다. 그리고 이 과정에서 나 자신에게 다짐한 것이 있다. "투자는 단순히 예측만 하면 안 된다는 것. 예측이란 그저 잘못된 추측에서 나온 바람일 뿐이다. 나 자신만의 투자 기준을 만들자."라는 것이었다. 그리고 투자란 모름지기 가치판단의 기준을 세우고, 그에 맞는 근거를 찾아가는 과정이라고 믿었다.

비트코인으로 매월 1억 번다   03

04

주식과 다른 암호화폐 투자

암호화폐 투자, 이것만 조심하자

진짜와 가짜를 구별하는 방법들

암호화폐
옥석 가리기

암호화폐 옥석 가리기

주식과 다른 암호화폐 투자

이전에 없는 새로운 패러다임과 기술로 무장한 암호화폐, 그중에서도 비트코인 투자는 1 BTC당 2017년 초 100만 원에서 12월 초 현재 2천만 원을 돌파하며 연일 돌풍을 일으키고 있다. 비트코인을 위시한 암호화폐 투자는 하루 거래 규모만 3조 원을 넘어서 코스닥을 넘는 등 인기를 이어가는 중이다. 이에 주식 투자를 경험한 사람들이 앞다퉈 암호화폐 투자에 뛰어들고 있는데, 암호화폐는 주식투자와 비슷하면서도 다른 환경이기 때문에 생소하다. 여기서는 암호화폐 투자와 주식 투자를 비교해 주목할 점을 알아본다.

① 장은 24시간 돌아간다

암호화폐를 매매할 수 있는 거래소는 24시간 쉬지 않고 거래가 이뤄진다. 장의 시작과 마감이 있는 주식과 가장 큰 차이점이다. 또한 가격의 상한선과 하한선이 없다.

② 거래소마다 장단점이 있다

우리나라에서 가장 활성화된 암호화폐 거래소는 빗썸, 코빗, 코인원이 있다. 세 거래소 모두 0.10~0.20%로 수수료율은 비슷하다. 다만 거래량이 가장 많은 빗썸은 기본적으로 0.15%의 매매수수료를 책정하고 있지만 거래 금액별로 지급하는 할인 쿠폰을 챙기면 단계별로 0.01%까지 수수료를 낮출 수 있으므로 쿠폰을 알아보면 좋다.

코인원은 해커 출신 대표이사의 영향으로 특히 보안에 신경을 쓰는 거래소라고 알려졌고, 코빗은 우리나라에서 가장 먼저 생긴 거래소로 최근 넥슨에 인수합병 됐다.

③ 암호화폐 지갑을 생성해야 한다

비트코인을 개인의 지갑에서 다른 사람의 지갑으로 옮기는 것을 '거래'라고 한다. 거래는 은행 같은 기관을 거치지 않고 사용자간 거래 형태인 P2P로 이루어진다. 그리고 거래를 하기 위해서는 거래 내용을 기록한 블록이 연결된 네트워크인 블록체인에 기록되어 있기 때문에 은행 같은 별도의 기관이 없어도 되는 것이다.

비트코인 지갑을 만드는 방법은 여러 가지가 있다. 거래소에서 제공하는 지갑 주소를 이용할 수도 있고, 직접 블록체인을 내려받아 만들 수도 있다.

비트코인 개발자 나카모토 사토시가 개발한 '비트코인 코어'는 비트코인의 공식 지갑 클라이언트 소프트웨어다. 이 지갑을 사용하려면 우선 사용자의 컴퓨터에 100GB 정도의 블록체인을 내려받아야 한다. 내려받기는 <https://bitcoin.org/ko/download>에서 가능하다.

한편, 블록체인의 크기가 크고, 내려받는 시간이 오래 걸리기 때문에 회사의 서버에 블록체인을 보관하고, 이를 참고해 지갑 서비스를 이용할 수 있는 오픈소스 형태의 지갑 소프트웨어도 공개되어 있다. 대표적으로 '일렉트럼'을 들 수 있는데, 오픈소스 형태의 지갑은 윈도우즈 같은 운영 시스템에 따라 USB에 담아 사용할 수 있는 버전을 제공하기도 하기 때문에 쉽게 갖고 다닐 수도 있다.

지갑을 만들면 은행의 계좌번호와 같은 고유한 주소가 생성된다. 비트코인 주소를 가진 지갑은 약 30자리의 무작위 문자열로 이루어져 있고, 문자열 대신 동일한 주소로 만든 QR코드를 쓰기도 한다. 이렇게 만든 지갑 주소를 다른 사람에게 알려주고 비트코인을 받을 수 있게 된다.

④ 주식과 단위가 다르다

일반적으로 1주 단위의 주식과는 달리 비트코인은 0.0001 BTC 단위로 가래가 이루어진다. 실제로 사용할 때는 0.00000001 BTC 단위로도 사용할 수 있다.

⑤ 매수·매도 과정이 유사하지만 차이가 있다

주식과 마찬가지로 암호화폐의 매수·매도는 주식 거래와 비슷하다. 기본적으로 판매자의 매도 가격과 구매자의 매수 가격이 맞으면 거래가 성사된다. 차이점도 있다. 주식은 매도 후 3일 이후에 실제 금액이 입금되는 반면 비트코인은 바로 현금화가 가능하다.

⑥ 암호화폐는 가치를 판단할 수 있는 객관적인 지표가 없다

주식은 특정 회사에 대한 가치상승 또는 가치하락으로 평가하지만, 암호화폐는 오직 사용자들의 믿음의 표시로 가격이 결정된다. 이것은 희소성, 사용자 수 증가로 대변될 수 있는데, 과열되는 경우 주식시장과 같은 서킷브레이커도 없기 때문에 소액으로 구입한 비트코인이 갑자기 1억 원대로 뛰어오를 수도 있다.

⑦ 암호화폐는 발행 주체가 없다

주식은 발행 주식을 발행하는 주체가 있기 때문에 시장에서의 가격 변조나 담합이 이루어지기도 한다. 그러나 암호화폐는 주식보다 시장 원리에 충실할 수밖에 없는 구조로 되어 있어 주가 조작과 같은 특정 세력에 의한 가격 조작이 상대적으로 어렵다.

암호화폐 투자, 이것만 조심하자

① 장기투자를 고려하자

단타에 너무 의존하다 보면 푼돈은 벌고 목돈은 잃는다. 가격변동 폭이 클 때는 하한선과 상한선을 확인 후 적절한 시점에서 매도·매수 한다. 매도할 때는 상한가의 80% 정도의 선에서 만족하면 보다 안전 한 시세 차익을 얻을 수 있다.

단기투자는 대부분 짧은 기간에 시세차익을 바라지만, 운이 나쁘 면 급격한 가격하락을 동반한 큰 손해를 볼 수 있다. 운이 좋아 큰 시 세 차익을 얻었다 할지라도 일회성으로 끝나고 만다. 여러 암호화폐 전문가들이 권하는 방법대로 크라우드 펀딩 같은 믿을만한 장기투 자를 권한다.

② 이해하고 투자하자

각 암호화폐가 가진 화폐의 기능과 특징을 이해해야 한다. 현재 가 치상승이 큰 신생 암호화폐라 할지라도 성급한 투자 결정을 자제해 야 한다. 특히 장기적인 투자라면 더욱 그렇다. 왜냐하면 아직 화폐로 서의 기능성이나 안정성에서 검증되지 않았기 때문이다. 모두가 그 런 것은 아니지만, 신생 암호화폐는 급격한 가치하락을 동반할 수도 있어 투자에 주의해야 한다.

③ 검증된 암호화폐를 고르자

1,000여 개의 수많은 암호화폐 중에서 상위(1위~30위 정도)의 화 폐에 투자할 것을 권한다. 국내 거래소에서는 코빗 거래소에서 가장

많은 종류의 암호화폐를 취급한다. 내 생각에는 코빗에서 거래되는 10여 종의 암호화폐는 장기적으로 모두 투자가치가 있다고 생각된다. 수많은 암호화폐 중 세계 거래순위 상위권이면서 국내 거래소에 상장되었다는 것은 그만큼 암호화폐의 가치에 대한 검증이 이루어졌다는 의미이기도 하다.

진짜와 가짜를 구별하는 방법들

돈이란 참 이상한 것이다. 우리가 윤택한 삶을 살기 위해 꼭 필요하고, 좋은 것임은 틀림없다. 하지만 악취를 풍기는 돈이 모이는 곳에는 늘 그렇듯이 파리가 들끓게 마련이다.

매일 전 세계 암호화폐 시장에는 약 1억 달러(1,127억6천만 원)의 투자금이 순수히 유입되고 있다. 그만큼 암호화폐 시장이 투자에 관한 가장 큰 블루오션임이 틀림없다는 소리다. 지금의 암호화폐 시장은 제대로만 이해하면 상대적으로 적은 리스크로 큰 수익을 올릴 수 있는, 실로 백 년에 한 번 올까 말까 하는 기회라고 생각한다. 그러나 바로 그 점을 이용한 각종 사기가 만연하고 있어 주의해야 한다. 이러한 일면을 보고 암호화폐 시장 전체가 마치 투기장인 것처럼 생각할 필요는 없다.

암호화폐 투자를 할 때는 정확한 정보 분석과 판단 기준이 필요하다. 수익이 큰 곳일수록 위험부담 역시 크다는 것은 암호화폐 역시 마

암호화폐 옥석 가리기 **04**

찬가지이기 때문이다. 법정통화로 쓰이는 실물 화폐의 개념과 다른 부분이 많아 이해하기 어려울 수 있겠지만, 우리가 체득하고 있는 상식선에서 판단한다면 결코 허황된 투자를 하는 일은 없을 것이다. 화폐가 새로운 옷으로 탈바꿈한다 해도 기본적으로 화폐가 가지는 특징과 가치를 벗어날 수는 없기 때문이다. 따라서 당장의 투자수익보다는 상식선의 기준과 판단을 가지고 있어야 잘못된 투자 위험으로부터 더욱 안전한 투자로 옮겨올 것이다.

다시 한 번 강조하건대, 암호화폐 그 자체에 문제가 있거나 암호화폐 시장의 문제가 있는 것은 아니다. 문제는 잘못된 정보를 맹신하고, 큰 수익을 낼 수 있다는 다양한 사기 집단들의 말에 현혹되는 것이다. 그러면 옥석을 가리기 위해서는 어떤 것을 봐야 할까? 가장 기본적인 주의사항이지만, 이마저도 수익률에 현혹되어 보지 못하고 피해를 보는 경우가 많다. 암호화폐 투자를 하기 위해서는 가장 기본적으로 확인해야 할 것들이다.

내가 문제가 아니라
얘네가 문제라고

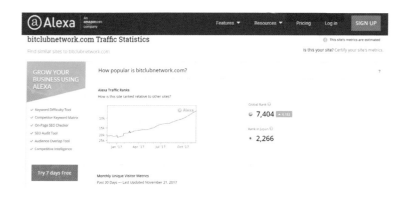

아마존 알렉사에서 검색한 비트클럽 네트워크의 글로벌 랭킹 화면
출처: 아마존 알렉사

① '그들만의 코인'을 주의하라

비트코인의 갑작스러운 가치상승을 언급하며 마치 모든 코인이 그와 같을 거라고 그럴싸한 논리를 내세워 많은 수익을 낼 수 있다고 현혹한다. 이런 코인의 특징은 특정한 집단이 주체가 되어 자기들끼리 주로 거래하며, 실제 전 세계 거래소 어디에도 상장되지 않은 코인일 수도 있다. 많은 회원 수를 앞세워 그럴싸하게 설명하지만 절대로 이러한 회사에 투자해서는 안 된다.

내가 투자하고 있는 비트클럽 네트워크를 아마존 알렉사에서 검색하면 글로벌 기업 랭킹 7천 위 권에 있고, 지속해서 상승하고 있다. 많은 사람들이 가치를 알아보고 투자하고 있다는 의미이기도 하다.

이와 함께 거래소 상위에 있는 암호화폐에 투자하는 것이 좋다. 여러 번 언급했지만, 수많은 암호화폐 중에서 거래소 상위에 있다는 것은 사람들이 가치를 인정하고 있다는 뜻이다. 인터넷에서 실시간으로 거래소에 상장된 암호화폐를 확인할 수 있는 사이트를 보며 투자할 암호화폐를 선택하는 것이 좋다.

② 암호화폐를 채굴하며 생성되는 블록을 실시간으로 확인할 수 있어야 한다

비트코인은 말할 것도 없고, 그 외의 암호화폐는 블록체인 시스템을 기반으로 얻을 수 있는 암호화폐다. 물론 리플처럼 조금 다른 시스템에 기반을 둔 코인도 있지만, 암호화폐를 거래할 때는 블록을 실시간으로 확인할 수 있어야 한다.

블록체인은 크게 '공개 블록체인'과 '비공개(프라이빗) 블록체인'의 두 가지로 나뉜다. 우리가 거래하고 있는 대부분의 암호화폐는 공개 블록체인을 기반으로 하는 암호화폐다. 따라서 인터넷을 통해 실시간으로 생성되는 블록을 직접 확인할 수 있다. 그런데 이런 정보를 확인하지 않고 수익만 바라보며 투자를 한다면 그에 따른 위험은 아무도 책임지지 않는다. 이것은 마치 기업 자료를 보지도 않은 채 좋다는 말만 믿고 주식에 투자하는 것과 다를 게 없다. 그렇게 투자한 주식이 오르면 상관없지만, 상장폐지라도 당한다면 그건 투자자 책임이다. 애플리케이션이나 각종 자료를 보여주며 그럴싸한 원천을 제

시한다고 할지라도 투자자라면 실시간으로 생성되는 블록을 확인할 수 있는 시스템인지 아닌지를 반드시 확인해야 한다.

③ 거래소에서 지속해서 거래되는 것인지 확인하자

거래소에 상장되어 실시간 거래되는 코인이라 할지라도 그 범용성을 따져봐야 한다. 하루에도 수백 종의 암호화폐가 생겼다가 사라지고 있다. 결국 거래소에서 거래되는 암호화폐라 할지라도 거래의 지속성과 범용성을 결코 간과해서는 안 되는 것이다. 투자를 결정했다면 성급히 시작하기보다는 어느 정도의 기간을 두고 지켜보면서 해당 암호화폐가 지속해서 거래되고 있는지, 얼마나 많은 사람이 거래하고 있는지 따져봐야 한다.

사람들이 몰린다는 것은 그만큼 가치를 인정하고 신뢰한다는 얘기다. 돈은 항상 사람의 마음을 따라 움직인다. 암호화폐 투자에 있어서 가장 중요한 것은 수익률보다 신뢰도라고 생각한다. 나는 2년이라는 짧은 투자 기간에도 적지 않은 수의 투자처가 사라지는 것을 봐왔다.

④ 개발자나 경영진이 공개되어야 한다

새로운 암호화폐를 개발하기 위해서는 당연히 개발자나 관련 경영진 등 다양한 분야의 전문가가 참여한다. 그런데 개발을 맡은 전문가들이 공개되지 않거나 개발을 주도한 기업의 평판이 좋지 않다면 소중한 돈을 투자하기 전에 반드시 확인해야 한다.

⑤ 암호화폐의 정보가 노출되어 있는지 확인해야 한다

신생 암호화폐에 비해 가치가 인정되고 신뢰성 있는 암호화폐는 인터넷이나 SNS상에 그에 관한 자료가 많이 올라와 있다. 이것 역시 투자하려는 암호화폐를 판단하는 하나의 척도가 될 수 있다.

노출이 많은 것은 여러 사람의 견해가 반영되고 있다는 의미까지 있는 것이다. 비록 암호화폐에 관해 전문가는 아닐지라도 작은 정보 하나라도 허투루 지나치지 말고 면밀히 들여다보자.

얼마 전 '제트캐시'라는 암호화폐가 시장에 나오자마자 엄청난 바람이 불며 인기몰이를 한 적이 있다. 1천여 개가 넘는 암호화폐 가운데 제트캐시 거래량은 금세 전체 20위권 안에 들었고, 현재는 10위권 진입을 눈앞에 두고 있다. 이렇게 인기를 끈 이유는 개발진들의 면면이 뛰어났기 때문이다. 모두 이름만 들으면 알만한 인물들이었다. 반면 소리소문없이 나타났다가 사라지는 대부분의 암호화폐는 누가 만든 것인지도 모르고, 거래소에 상장조차 안 된 암호화폐들이다.

인기가 있다는 것, 그리고 거래소에서 수위권을 유지하며 거래된다는 것은 시장에서 그만한 가치를 평가받고 있다는 의미다. 따라서 사용 목적도 분명하고 화폐의 기능 역시 제대로 갖췄다. 그러나 거래소에 등록되지 않은, 어딘가에서 갑자기 만들어진, 암호화폐의 허울만 쓴 불량 암호화폐는 매우 위험하기 때문에 되도록 투자를 피하는 편이 좋다.

⑥ 암호화폐 사이트의 도메인을 확인하자

내가 지금까지 암호화폐에 투자하며 경험적으로 지켜본 것들 중 하나다. 닷컴(.com)이나 닷넷(.net) 등 공신력 있는 도메인이 아닌 저가의 도메인(.xyz, .bit)을 쓰는 암호화폐 사이트는 주의해야 한다. 물론 저가의 도메인이라고 신뢰할 수 없는 것은 아니지만, 우리는 투자를 하는 사람들이고, 투자자에게 신뢰는 다른 무엇과도 바꿀 수 없는 요소이기 때문이다. 돌다리도 두드려보고 건너야 한다.

⑦ 암호화폐 개발을 주도하는 국가를 확인하라

개발국이 어디인지 확인하는 것도 암호화폐의 가치를 판단할 수 있는 방법이다. 아무래도 개발도상국이나 저개발국이 주도하는 암호화폐는 시장의 지지를 받기 힘든 것이 현실이기 때문이다. 멀리 갈 것도 없이 인터넷에서 정보를 찾아도 쉽게 알 수 있다. 별 반응이 없다.

⑧ 발행량과 유통량을 확인하라

암호화폐의 발행량과 유통량을 비교하는 것도 투자를 위한 판단이다. 어떤 암호화폐의 발행량은 매우 많은데 유통량이 턱없이 적다면 시장의 반응이 시원치 않다는 소리다. 사람들이 찾지 않는 암호화폐에 투자하는 일은 투자금을 날려도 된다는 마음과 같다.

05

비트코인은 **죽지** 않는다

비트코인은 죽지 않는다

비트코인이 죽지 않는 이유

비트코인은 절대 죽지 않는다. 물론 감이나 추측에 근거해 말하는 것이 아니다. 그동안 비트코인을 비롯한 다양한 암호화폐 투자를 진행하면서 나 역시 처음 보는 암호화폐 공부를 해야 했다. 적정 가치를 산정하기 위해 들여다보지 않은 경제지표가 없었고, 영어 실력을 활용해 해외의 다양한 매체를 통해 암호화폐 정보를 수집했다. 무엇보다 중요한 건 실제 투자를 진행하면서 나름의 기준이 생겼고, 그것들이 전부는 아니지만 나의 투자를 성공적으로 이끌었다는 점이다.

실제로 나는 2017년 초부터 비트코인의 가격 상승을 예상했다. 블록체인의 가치를 알아보는 사람들이 늘어날 것으로 생각했고, 세계 여러 나라에서 다양한 제도적 장치를 만들어 비트코인과 블록체인 시스템을 끌어들일 것이라고 예상했다. 그렇게 된다면 우리나라에서는 가장 대중화한 모바일 메신저 서비스인 카카오 측이 카카오 페이를 활용해 관련 금융 서비스에 나설 수도 있다고 봤고, 핀테크 기업들의 태동을 예상했다. 이런 내 예상은 대체로 맞아떨어졌고, 당시의 생각을 기록한 네이버 포스트에도 아직 남아 있다.

좋든 싫든 이제 우리는 비트코인의 시대, 블록체인 시스템의 시대를 살아야 한다. 투자를 위해서건, 그 시대를 살아내기 위해서건 비트코인이 살아남는 이유를 아는 것이 중요하다.

① 비트코인은 이미 시장 검증이 끝났다

2009년 1월 3일 세상에 나온 비트코인은 2018년 1월이면 탄생한 지 만 9년이 된다. 적지 않은 시간 동안 비트코인은 기술적·현실적 검증 기간을 거쳤고, 지금까지 살아남았다. 아니, 단순히 살아남은 것이 아니라 그 가치 상승이 매우 가파르다. 어딘가 결함이 있다면 이토록 가치가 상승하지는 않았을 것이다.

암호화폐	달러(2017. 12)	원화(환율 1,100원 기준)
비트코인	194,248,706,310	213,673,576,941,000원
이더리움	46,237,845,523	50,861,630,075,300원
비트코인 캐시	27,098,277,888	29,808,105,676,800원
이더리움 클래식	3,065,353,346	3,371,888,680,600원
리플	10,054,537,363	11,059,991,099,300원
라이트코인	5,572,854,495	6,130,139,944,500원
비트코인 골드	5,472,688,123	6,019,956,935,300원
대시	6,171,311,185	6,788,442,303,500원
모네로	3,192,984,630	3,512,283,093,000원

주요 암호화폐 거래 총액

비트코인은 죽지 않는다

② 사용자가 폭발적으로 늘었다

비트코인 생태에 적극적으로 대응했던 일본, 러시아, 싱가포르, 인도 외에도 각국이 비트코인에 대한 법제화 발표를 하고 있다. 이 중에는 국가적으로 비트코인을 화폐로 쓰겠다는 나라들도 있다. 이것은 비트코인 사용자가 늘고, 경제 전반에 끼치는 영향을 무시할 수 없는 수준이 달했기 때문이다.

최근 2년간 비트코인 사용자 수는 1천 300만 명 이상이다. 사용자가 늘어난다는 것은 비트코인의 가치와 잠재력을 인정했다는 의미다. 또한 암호화폐 시장의 자본 흡수율은 하루 평균 1억 달러를 넘고, 점점 증가하는 추세에 있다.

③ 사용 편의성이 증가하고 있다

비트코인은 기존 화폐의 결제시스템과 연동해 쓸 수 있는 사용 편의성이 크게 늘고 있다. 특히 해외 결제 시장에서 두드러지고 있다. 비트코인에 대한 가격과 가치는 특정 국가나 특정 집단이 만들어 내는 것이 아니기 때문이다. 다음 장에서 보다 자세하게 소개할 내용이지만, 화폐를 대신해 쓸 수 있는 비트코인 결제시장은 나날이 커가고 있다.

④ 블록체인 시스템의 무결성

비트코인의 기반이 되는 블록체인 시스템은 지금까지 거의 완벽한 상태를 유지하고 있다. 물론 거래 속도를 높이기 위한 일종의 프로그램 업그레이드인 '세그윗'이 일어나기는 했지만, 이것은 블록체인 시스템 자체의 문제라기보다는 화폐로 쓰일 수 있는 편의성을 높이기 위한 개선이라는 측면에서 봐야 한다.

비트코인은 이제부터가 시작이다

세상을 떠들썩하게 하는 비트코인 붐에 사람들이 몰리는 것처럼 보여 투자를 망설이는 분도 있겠지만, 사실 비트코인은 지금부터가 시작이다. 무슨 소리냐고? 비트코인이 나오고 몇 년이 지났지만, 본격적으로 암호화폐가 경제 구조에 들어오기 시작한 것은 불과 1~2년 사이다. 사람으로 치면 이제 갓 걸음마를 뗀 것에 불과하다는 말이다.

장기적으로 비트코인은 화폐로 그 쓰임이 점점 광범위하게 퍼질 것이고, 그 가치 또한 쉽게 하락하지 않을 것이다. 이것은 2,100만 개로 정해진 발행량 때문이기도 한데, 오히려 앞으로 가치가 더 상승할 거라는 예상이 지배적이다. 실제로 비트코인에 부정적이었던 대표적인 서구 금융권들은 비트코인 시장을 선점하기 위해 다양한 투자상품을 내놓고 있기도 하다.

화폐로서의 비트코인은 빠른 송금시간과 수수료 면에서 기존 통화를 대체할 가장 효과적인 수단으로 꼽히고 있다. 우리나라는 금융과 관련한 IT기만이 매우 잘 되어 있는 편이지만, 당장 선진국인 미국에서 다른 국가로 송금을 하려면 적지 않은 수수료는 물론, 송금 시간도 하루가 넘게 걸리기도 한다. 이런 점들 때문에 비트코인의 장점이 더욱 주목받고 있다. 여기에 세계적인 경제 자유화 추세와도 맞물리고 있으며 금융 서비스 소외계층에게 매력적이고 효과적인 대안이 될 수 있다.

유럽에서는 이미 비트코인을 화폐로 인정하고 있다. 유럽중앙은행(ECB)는 비트코인을 '인터넷상에서 발행해 사용자 간 지급수단으로 오가며 법에 의해 통제받지 않는 화폐'라고 정의하고 있다.

영국 런던의 옥스포드 거리에 설치된 비트코인 ATM
출처: Stephen Cannon

세계의 비트코인 동향

비트코인 열풍은 이미 세계를 휩쓸고 있지만, 기술이 너무 앞서가고 있기 때문일까? 우리나라도 그렇지만 세계 어느 나라도 암호화폐에 대한 뾰족한 대응책을 내놓지 못하고 있다. 그나마 일본이 자국 화폐와 동일한 가치로 쓸 수 있게 법제화를 추진하고 있을 뿐이다.

유럽은 아직도 암호화폐에 대해 신중한 태도를 보이고 있고, 독일 정도만이 재산으로 인정하고 있다. 러시아는 관망 후 잠재력을 인정해 제도권 내로 암호화폐를 받아들일 준비를 하고 있다. 일본에서 비트코인이 엔화와 같은 지급 수단의 지위를 가졌음에도 미국은 지급 수단이 아닌 투자 상품으로 인식하고 있다.

이렇게 세계의 다양한 시선과 접근이 존재하는 암호화폐의 미래는 과연 어떻게 펼쳐질까? 나는 결국 접근 방법이 다르더라도 미래를 바꾸는 선봉에 암호화폐 시스템이 있을 것이고, 나아가 그 잠재력을 인정하고 적극적으로 대처해야 한다는 확고한 생각을 하고 있다.

① 비트코인에 주목한 미국 금융계

2017년 12월 초 현재 무서운 상승세로 12,000달러를 돌파하고 시가총액이 3,000억 달러를 기록한 비트코인은 세계 금융의 중심지 월스트리트에서도 관심을 보이는 투자 대상이 되었다. 이미 골드만삭스의 시가총액을 넘어섰고, 경제 전문가들은 세계적 IT기업인 애플의 시가총액도 빠른 속도로 넘을 것이라고 전망하고 있다.

이에 따라 미국의 금융계 역시 비트코인의 잠재력을 인정하고 적극적인 대응에 나서고 있는데, 비트코인에 시가총액을 추월당한 투자은행 골드만삭스는 비트코인을 비롯한 다양한 암호화폐 거래 서비스 도입을 추진하고 있다.

미국의 파생상품 거래소인 시카고상품거래소는 2017년 내로 비트코인 선물거래를 준비하고 있는데, 대형 투자자들이 비트코인의 가격 흐름에 투자한다는 것이다. 이것은 비트코인이 금융제도권에 편입하고 있다는 의미다.

세계 경제의 흐름을 주도하는 미국에서 비트코인은 더 이상 유행이나 투기 광풍이 아니다. 오히려 기존의 전통적 금융권 내에 편입하도록 하고, 관련 거래 서비스를 도입하면서 비트코인 수요가 치솟을 수 있는 기반을 마련하고 있는 것이다.

② 일본의 비트코인 법제화

2016년 10월 크나큰 사건이 있었다. 일본은 전 세계 비트코인 거래량의 약 63%를 차지하며 세계 거래량 부분 1위를 할 정도로 큰 지분을 갖고 있는데, 아시아권에서는 최초로 비트코인을 국가 화폐에 준해서 현금과 같은 지급수단으로 인정한다는 소식이었다.

일본은 그동안 비트코인을 사용하며 이용자에게 8%의 소비세를 부과했다. 소비세가 부과되면서도 당시 비트코인으로 결제할 수 있는 일본 점포는 2016년 9월 기준 약 2천 500여 점포로 증가하는 추세였다. 그러나 이 소비세마저 없앤 일본은 비트코인 거래의 안정성을 확보하고 위험을 줄이면서 현금과 같은 가치를 인정해 새로운 투자자산으로 양성하겠다는 의지를 내보인 것이다.

최근 일본은 암호화폐 사용자가 증가하는 추세에 따라 선제적인 암호화폐 관련 정책들을 내놓으며 주도권을 잡아가고 있다. '자금결제법'을 시행해 비트코인을 합법적인 결제수단으로 인정하면서 일본 금융청(FSA)을 통해 일본 내 11개 기업을 새로운 암호화폐 거래소로 승인하기도 했다. 비트코인에 대한 투기 열풍을 불식시키기 위해 오히려 규제하는 중국과는 정반대의 행보를 보인 셈이다.

일본의 비트코인 법제화를 통한 양성화 정책이 진행되면서 기업들도 적극적으로 뛰어들고 있다. 일본의 '빅카메라(Big Camera, 일본

비트코인으로 결제할 수 있는 일본의 Big Camera 매장

비트코인은 죽지 않는다

가전 유통 체인)'는 59곳의 자사 점포에 비트코인 결제시스템을 추가했고, 국내선 항공사인 피치항공 역시 항공권 발권에 비트코인 결제시스템을 운영하고 있다.

③ 이란의 석유를 비트코인으로 산다

중동의 대표적인 산유국 이란 역시 비트코인에 대한 적극적인 대응을 모색하고 있다. 최근 이란 정부는 이미 비트코인의 가능성을 인정하고, 생산하는 원유 거래를 비트코인으로 거래할 수 있는지 연구에 들어갔고, 이 중에는 비트코인 시장에 대한 검증작업도 포함되어 있다고 한다. 그리고 이에 따른 비트코인 거래 인프라를 준비 중이라는 소식도 전했다.

이란의 비트코인 대응은 원유 거래의 지급수단을 확대하는 것에 그치는 것이 아니다. 비트코인이라는 새로운 개념에 대한 기술적 이익과 그를 기반으로 하는 경제적 이익이라는 두 마리 토끼를 잡는 데 중점을 두고 있다. 이에 따라 이란 정부는 가능한 한 빠른 시간에 비트코인 결제 시스템을 마련하고, 이란 내에서 합법적인 암호화폐 거래를 위한 법률을 준비 중이기도 하다.

④ 암호화폐 주도권을 잡으려는 러시아

러시아는 지속적으로 암호화폐의 범죄 악용을 우려해왔다. 그러나 최근 들어 정부와 의회, 그리고 러시아 중앙은행 등에서 암호화폐에 대한 관심을 보이고 있다. 최근 블라디미르 푸틴 대통령이 이더리움의 창시자 비탈리스크 부테린을 만나면서 암호화폐에 대한 러시아의 인식이 바뀌고 있다. 이미 푸틴의 측근이었던 마리니체프의 주도로 대규모 암호화폐 채굴장을 마련하고 있는데, 수천 기의 채굴기를 24시간 운영하는 대규모 채굴장이다. 100억 달러가 선투자되었고, ICO를 통해 4천만 달러 이상의 투자금을 확보했다고 한다.

러시아 정부와 의회도 암호화폐 관련 법안을 마련해 암호화폐 채굴자들에 대한 과세를 검토하는 한편 유라시아 경제연합에 새로운 산업인 핀테크를 도입할 기반을 마련하고 있다. 암호화폐의 잠재력을 인정하고 발전할 수 있는 환경을 정비하고 있는 것이다.

실제로 러시아 기업들은 블록체인 시스템을 활용한 '웨이브'라는

비트코인은 죽지 않는다

플랫폼을 운영하고 있는데, 이 플랫폼은 암호화폐로 상거래를 할 수 있는 시스템을 구축했다는 것을 의미한다. 러시아에서는 이 플랫폼을 이용해 레스토랑이나 다른 상점에서 물건을 사며 결제를 할 수 있도록 하고 있다.

한편, 러시아가 대규모 채굴을 시작하는 이유 중 재미있는 이유도 한 가지 있다. 채굴기는 고성능의 컴퓨터로 연산작업을 해야 하는데, 이때 발생하는 열을 식히기 위한 냉각장치 역시 대규모로 들어갈 수밖에 없다. 그리고 채굴 시스템에서 냉각장치에 들어가는 전기가 본 시스템보다 많다보니 비용의 상당 부분이 냉각장치에 들어가는 것이다. 전기요금 대부분이 냉각장치 비용이라고 해도 과언이 아닌 셈이다. 그런데 추운 러시아는 상대적으로 냉각장치에 들어가는 비용을 크게 절감할 수 있다는 것이다.

한국의 비트코인 정책 제언

국가 화폐의 변화는 그 나라 경제를 통째로 흔들 수 있는 메가톤급에 실로 엄청나고 중요한 결정이다. 그러나 일본은 비트코인을 국가 화폐와 동일한 가치를 부여해 적극적으로 활용하고 있다. 일본이 왜 이런 엄청난 결정을 했을까?

내가 알기로 일본은 오랫동안 비트코인을 연구해 왔고, 고민 끝에 중국처럼 압박하는 통제 대신 적극적으로 양성해 향후 주도권을 잡겠다는 의지를 비친 것이라는 게 내 생각이다. 그런데 우리나라는 지금 무엇을 하고 있을까? 지정학적 위치나 산업 구조상 일본과 우리나라는 비슷한 점이 매우 많다. 그런데 일본은 주도면밀한 연구와 깊은 고민 끝에 비트코인을 제도권으로 흡수하는 과감한 결정을 내린 반면 우리는 아직 아무런 대안을 갖고 있지 못하다.

내가 볼 때 우리 정부는 아직 세금 문제와 국가 자본이 비트코인을 이용해 해외로 무단 반출되는 문제에 대한 해결책을 내놓지 못한 것으로 보인다. 물론 반드시 고민해야 하는 문제이기는 하지만, 생각을 전환할 필요가 있다.

비트코인은 전 세계를 돌아다니는 암호화폐다. 만약 우리나라가 비트코인을 사용할 수 있는 뛰어난 환경이 조성된다면 세수 감소 문제는 비트코인 유입과 활용에 따른 경기 활성화로 생기는 이득으로 상쇄할 수 있다고 본다. 아니, 오히려 그 이상이 될 수도 있다.

국제공항협의회가 주관하는 세계공항서비스평가에서 12년 동안 1위를 차지한 인천국제공항의 사례를 보자. 우리나라의 관문인 인천공항은 단순히 이용하기가 편하기 때문에 좋은 공항이라고 부르는 것은 아니다. '안전한 공항'을 새로운 공항 운영의 패러다임으로 받아들이고, 이를 위해 관련 조직을 강화하고, 연구는 물론 예산까지 뒷받침하고 있다. 또한 공항 내 상주기관은 물론 여러 이해관계를 가진 기관 및 관계자와 지속적인 협업을 통해 공공기관으로서 재난안전관리 평가에서도 최우수 기관으로 선정되는 성과를 달성했다. 이런 노력을 바탕으로 인천 공항은 세계에서 손꼽히는 안전한 공항이 되었고, 동북아의 허브 공항으로 자리매김했다.

우리의 비트코인 정책 역시 마찬가지다. 4차 산업혁명은 미래의 일이 아니라 지금 우리 곁에 다가와 움트고 있는 현실이다. 급변하는 환경은 다양한 변수로 인해 예상을 벗어날 수도 있다. 그러나 더 선제적으로 변수를 다양성으로 받아들이고, 새로운 시도를 긍정적으로 바라보며 모든 정부 기관과 민간이 협업을 통해 시너지를 낼 수 있는 바탕을 만들어야 한다.

사실 우리나라는 효율적인 경제정책을 추진하며 앞만 보며 달려왔다. 그 결과로 자동차 산업부터 조선업, 반도체, 스마트폰에 이르기까지 첨단 산업을 발전하고 육성했다. 그러나 한편으로 획일적인 효율과 다양성을 받아들이지 못하는 경직된 사고가 내재하였음을 부인하지 못한다.

우리가 중국처럼 비트코인이라는 새로운 패러다임에 대해 규제 위주의 정책을 펼치기보다는 변화와 다양성을 포용해야 할 때가 된 것이다. 여러 경제 전문가에 따르면 중국이 비트코인 규제를 강화한 것은 2017년 10월에 있을 당대회를 앞두고 금융 안정화를 위한 일시적 정책일 수 있다고 지적했다. 대국 굴기로 경제적 패권을 노리는 중국이 새로운 패러다임의 주도권을 놓치지 않을 것이라는 게 그 이유다. 결국 중국은 자신들이 정한 '소기의 목표'를 이룬 후 규제를 풀 것이라는 관측이 지배적인 상황이다.

물은 높은 곳에서 낮은 곳으로 흐른다. 만약 우리나라가 더욱 유리한 비트코인 사용 환경을 구축한다면 국부가 해외로 빠져나가기는커녕 해외의 자금이 국내로 반입되는 결과를 끌어낼 수도 있을 것이다. 한국인은 그 어느 분야에서도 성공하는 민족적 유전자를 갖고 있다. 짧은 시간 내에 빈국에서 벗어나 국제적으로도 도움을 주는 국가로 탈바꿈하고, 세계의 리더를 바라보는 위치에 서 있다.

우리가 비트코인을 비롯한 암호화폐와 블록체인 시스템이라는 변화의 한가운데에서 선제적이고 적극적으로 대응해 세계의 허브인 인천국제공항처럼 비트코인의 허브가 되어야 한다. 비트코인을 비롯한 암호화폐에 대한 정책입안자들에게 꼭 하고픈 말이 있다.

"more open, more safe."

비트코인은 죽지 않는다　05

반드시 해결해야 하는 거래소의 안정성

암호화폐는 컴퓨터와 인터넷을 기반으로 하는 만큼 비트코인을 비롯한 암호화폐 투자를 고려하는 분들이 가장 염려하는 부분이 바로 보안과 안정성 문제일 것이다. 시스템의 특별한 실체가 없기도 하고, 무엇보다 책임소재의 문제가 불분명하다는 것이 그 이유다. 여기서 반드시 짚고 넘어갈 문제가 있다면 '거래소의 안정성'이다.

초보자들이 헷갈리는 것이 바로 '보안성'과 '안정성'이다. 이 두 가지는 분명히 구분되어야 한다. 사실 보안성은 크게 염려할 부분이 아니다. 지금까지 비트코인의 보안성과 관련해서는 어떤 이슈도 없었다. 비트코인의 경우 모든 거래 내역이 사용자들의 블록에 분산 보관된다. 만약 비트코인으로 어떤 거래를 하게 된다면 비트코인이 오간 거래내역이 영구적으로 기록되고, 모든 사용자의 블록에 저장되는 것이다. 그리고 이 블록의 내용은 시스템의 취약점 보완을 포함해 모든 정보가 10분 단위로 계속 업데이트되고 있다. 따라서 이 과정에서 위조나 변조해 비트코인을 빼앗기는 가능성은 전무하다. 누군가 마음먹고 다른 사람의 비트코인을 빼앗으려고 한다면 이론적으로 블록체인 시스템에 있는 모든 블록(모든 사용자)의 내용을 위조·변조해야 가능하다. 더구나 그마저도 업데이트 주기의 10분 안에 해야 한다. 결국 비트코인의 보안성은 모든 사용자가 분산해 공유하는 공개·분산 장부 시스템을 취하고 있기에 가능한 것이다. 물론 블록체인 시스템을 기반으로 하는 다른 암호화폐 역시 마찬가지다.

비트코인에서 문제가 되는 건 바로 안정성의 문제다. 그마저도 비트코인 자체의 안정성이 아니라 비트코인을 거래하는 시상, 즉 '거래소의 안정성'이다. 지난 11월 13일, 국내 최대 거래소 빗썸의 서버가 과부하로 다운되는 일이 일어났고, 암호화폐에 투자한 투자자들의 거래가 전면 차단되었다. 이로 인해 적기에 매도하지 못한 사람들의 손실액이 상당했다.

이는 매우 안타까운 일이고, 거래소가 거래의 안정성을 위해 반드시 해결해야 하는 선결 과제인 셈이다. 그러나 은행에 강도가 들었다고 해서 화폐 가치가 흔들리지 않듯이, 비트코인과 다른 암호화폐들의 안정성은 흔들리지 않을 것이다.

비트코인은 죽지 않는다

비트코인 가격은 과연 거품인가

여기저기서 암호화폐의 투기 광풍을 우려하는 목소리가 연일 나오는 상황에서 가장 타깃이 된 것은 아무래도 암호화폐의 '기축통화' 격인 비트코인이다. 하지만 비트코인은 암호화폐의 가격 거품이 심각하다는 일부의 우려에도 불구하고 2017년 들어 5배 이상의 가파른 가격 상승을 보였다.

비트코인의 가격이 거품인지 검증하려면 비트코인의 미래를 봐야 한다. 미래를 점찍어 확언할 수는 없는 일이지만, 그동안의 추세와 비트코인을 둘러싼 환경적 요인, 그리고 무엇보다 비트코인의 기술적 기반이 되는 블록체인 시스템의 면모를 들여다보면 비트코인 현상이 무조건 투기 광풍이 아니라는 것을 알 수 있다. 내가 이렇게 생각하는 것에는 몇 가지 근거가 있다.

첫째로 비트코인의 안정성이다. 먼저 기술적 안정성을 들 수 있는데, 비트코인의 기술 기반인 블록체인 시스템은 4차 산업혁명의 핵심적 요소이기도 하다. 금융계의 화두로 떠오르고 있는 보안적 측면에 있어서 블록체인 시스템이 가지는 분산형 보안체계는 기존의 중앙 보안 시스템에 비해 해킹의 위험이 상당히 낮다. 이것은 앞서 블록체인 시스템의 특징에서도 언급한 내용인데, 누군가 시스템 일부를 해킹한다고 하더라도 여러 사용자가 생성하는 블록이 해킹된 부분을 감지하고 온전한 정보로 다시 복구함으로써 가능한 일이다. 블록 생성에 참여하는 사용자가 모두 보안 시스템의 일부인 셈이다.

가격 안정성 역시 마찬가지다. 화폐로서도 그렇지만 비트코인은 이미 투자로서도 안정권에 접어들었다. 비트코인은 2017년 5월 들어 2천 달러를 넘어선 이후 한 달 뒤에는 6천 달러 선을 넘었고, 2017년 8월 미국의 트럼프 대통령이 북한과 날 선 공방을 펼쳐 동북아의 긴장감이 고조되자 순식간에 4천 달러를 넘기도 했다. 비트코인이 대표적 안전자산인 금을 뛰어넘는 안전자산이 된 것이다. 이후 지속적인 상승을 거쳐 2017년 12월 초 현재 비트코인은 12,000달러를 돌파했고, 상승세는 여전하다.

비트코인이 연일 사상 최고치를 돌파하면서 투기 논란도 함께 커지는 것은 당연한 일이다. 그러나 나는 비트코인의 성장이 지금부터 시작이라는 것을 조금도 의심하지 않는다. 세계적인 경제학자들은 10년 주기로 세계 경제위기가 온다는 주장을 하고 있는데, 마지막 경제위기가 2008년 시작된 미국발 금융위기다. '10년 주기설'에 따르면 이제 곧 경제위기가 찾아올 시점이 된 것이다.

그런데 2017년 8월에 이미 동북아의 긴장이 고조되자 비트코인의 가격이 치솟았다. 이것은 앞서 언급한 것처럼 비트코인이 이미 안전자산이 되었다는 것을 의미한다. 만약 '10년 주기설' 대로 세계적인 경제위기의 바람이 또다시 불게 된다면, 비트코인의 가격은 지금보다 몇십 배는 더 오를 것이다.

둘째로 세계적 패권국인 미국의 움직임이다. 비트코인에 유입되는 자금 규모가 늘자 미국의 전통적인 금융계가 비트코인에 관심을 두기 시작한 것이다. 앞에서도 설명한 것처럼 미국 금융의 중심 월스 트리트의 투자은행 골드만삭스를 중심으로 비트코인 거래 도입을 준비 중이며, 금융 거래소들 역시 비트코인 파생상품 거래를 계획 중이다. 이것은 비트코인이 금융제도권에서 금이나 원유 등과 같은 투자 대상으로 재평가를 받는 것과 동시에 그 가치도 재평가된다는 것을 의미한다. 그렇다면 이미 골드만삭스의 시가총액을 넘어선 비트코인 가격 전망은 지금보다 몇 배나 더 상승할 것이다.

비트코인, 어떻게 쓸 수 있나?

비트코인은 실제 화폐처럼 쓸 수 있는데, 우리가 흔히 쓰는 교통 카드나 좀 더 다양한 기능이 탑재된 T머니 시스템과 유사하다. 물론 해외송금을 하거나 블록체인 시스템을 이용한 각종 거래 형태에서도 쓸 수 있다는 측면에서 비트코인의 결제 시스템이 훨씬 광범위하다.

우선 국내에서 비트코인으로 지급하고 살 수 있는 오프라인 상점들은 전 세계의 비트코인 사용 가능한 상점을 알려주는 '코인맵 (coinmap.org)' 사이트나 관련 애플리케이션을 내려받아 설치하면 쉽게 확인할 수 있다. 현재 국내에서는 119곳에서 비트코인을 사용해 물건이나 서비스를 구입할 수 있다.

물론 아직까지 우리나라에서 비트코인을 이용한 오프라인 상점 거래는 시작 단계에 머물러 있다. 비트코인은 전 세계 인구 대비

0.008%만 사용하고 있지만 여러 차례 강조한 것처럼 비트코인은 아직 상장도 되지 않은 걸음마 수준에 불과하다. 세계적으로 '동전 없는 사회' 추세처럼 실물 화폐가 점점 시장에서 퇴출당하고 있는 상황에서 암호화폐가 가진 효용성은 더 말할 나위가 없다. 특히 신용카드를 통한 지급결제 수단이 광범위하게 쓰이는 현대사회에서 비트코인을 비롯한 암호화폐는 더 각광받는 지급 수단이 될 것으로 보고 있다.

암호화폐는 신용카드 결제시스템과 달리 수수료 등의 추가비용이 전혀 발생하지 않는다. 물론 거래소의 수수료가 있기는 하지만, 카드 수수료에 비하면 매우 적은 금액이다. 결국 소득이 낮을수록 비트코인으로 결제하는 것이 신용카드 등을 사용하며 수수료를 무는 것보다 더 유리한 선택일 수 있는 것이다. 나는 2018년 들어 유명 결제대행사에서 비트코인을 이용한 결제 시스템을 구축한다면 사용 환경이 폭발적으로 확대될 것이라고 예상한다.

세계적으로는 비트코인을 비롯한 암호화폐 결제 시스템 마련에 적극적인 것을 봐도 알 수 있다. 일본은 이미 자국 내 통화와 같은 지위로 비트코인 결제를 제도로 편입했고, 독일은 앞서 2013년에 비트코인을 공식 인정해 유로존 최초의 화폐가 되기도 했다. 호주 역시 비트코인을 정식 결제 수단으로 받아들일 준비를 하고 있고, 영국과 캐나다에서는 비트코인 ATM기기를 설치했다. 또 컴퓨터 전문기업 델(Dell), 페이팔(PayPal), 익스피디아 등은 서비스 결제수단의 하나로 비트코인을 사용하고 있기도 하다.

비트코인을 비롯한 암호화폐 결제 시스템의 장점은 관리를 위한 특정한 주체가 존재하지 않는다는 점이다. 따라서 환전이나 송금 수수료 등을 내지 않고, 세계 어느 곳에서나 사용할 수 있다는 장점이 있다. 또한 중앙관리 주체가 없기 때문에 인위적인 통화정책이 있을 수도 없고, 국제정세와 관련한 이슈에 크게 흔들리지도 않는다. 오로지 시장의 수요와 공급만이 암호화폐의 가격을 결정하는 요인인 셈이다.

이 글을 읽는 독자들은 좀 더 미래를 빨리 받아들이고 대처했으면 한다. 나의 충언이 여러분들의 안목과 결정에 작은 도움이 되기를 바라는 마음 간절하다.

06

시골 영어 선생이
만난 사람들

시골 영어 선생이 만난 사람들

나는 나 자신이 애국자라고 생각해본 적은 없다. 다만 3년 동안 국방의 의무를 성실히 수행했고, 세금은 꼬박꼬박 성실히 납부해왔다. 애국자는 아니지만 국민으로서 최소한의 의무를 수행했다. 그러나 나는 지난 2년간 비트코인 투자를 하며 알게 된 모든 것들을 알려 사람들에게 도움이 되고 싶었다. 여기저기 떠도는 비트코인에 관한 부정적인 이야기, 정확하지 않은 정보들을 걸러내고, 혁명에 가까운 비트코인 시대를 잘 준비할 수 있도록 돕고 싶었다.

단군 이래 최대 불황이라는 말이 매년 거듭되는 장기 불황기에 여러 번 오지 않을 기회를 잘 살려 가계경제에 보탬이 되기를 바라는 순수한 마음뿐이다. 나는 비트코인 투자로 나름의 성공을 거두고, 내가 할 수 있는 최대한의 노력으로 5만 명에게 나와 같은 행복을 느낄 수 있도록 내 경험을 전하려고 마음먹었다. 그것이 잘 될지는 모르지만, 적어도 지금까지 주변의 지인들은 모두 비트코인 투자를 하면서 행복해했다.

그리고 나이 50이 넘은 이제야 사람들과 나누는 행복을 알게 됐다. 그 전까지는 마음은 있었지만 형편이 되지 못했다. 그동안 나는 사람과의 관계에서 마음만큼 중요한 것은 없다고 생각했다. 덕분에 부족하나마 사람 관계에서 철없는 실수는 하지 않으며 살아왔다. 이러한 내 성정은 주변에서도 인정하고 있다.

나는 작은 소망이 있다. 아무리 돈이 많아도 돈을 쓰는 것은 사람이고, 사람이 어떻게 쓰느냐에 따라 돈의 운명이 달라진다고 믿는다. 나는 내 인생의 어느 시점에서 번 돈을 나눌 생각이다. 단지 어려운 곳에 베푸는 나눔이 아니라 내 마음이 닿아 있는, 사람들의 희망을 깨워줄 수 있는 일을 하고 싶다. 돈으로 모든 것을 할 수 있다는 물질만능주의에 빠진 것이 아니다. 돈은 쓰는 사람에 따라서 독이 될 수도, 희망의 씨앗이 될 수도 있다는 걸 안다. 내 마음이 사람을 향해 있는 것은 내 투자의 목표가 돈이 아닌 이유이기도 하다. 내 투자의 목표는 결국 사람이다.

지금 당장 작은 것부터 시작할 수도 있지만, 내 목표는 200억 원이다. 돈이 그만큼 쌓이면 내가 생각하는 일을 도모할 수 있다고 생각하기 때문이다. 지금 벌어들인 몇억으로 또 다른 장기투자를 하는 것도 사람을 향하겠다는 내 마지막 목표를 위해서다.

내가 책을 내는 일도 그중에 하나다. 사실 책을 출간해 버는 인세는 내가 비트코인 투자로 벌어들이는 수익과 비교하면 미미한 수준이다. 그러나 내가 책을 통해 전할 수 있는 행복의 가치는 그보다 더 크다는 걸 알기 때문이고, 내 마음이 여러분을 향해 있다는 걸 말하고 싶기 때문이다.

이 인터뷰는 책을 읽는 여러분에게 비트코인 투자에 관해 좀 더 현장감 있는 이야기를 전하고 싶어 마련했다. 인터넷이나 뉴스 기사를 봐도 비트코인 투자에 대한 이야기만 떠들썩할 뿐 실제로 투자하는 생생한 경험담은 쉽게 찾아볼 수 없기 때문이기도 하다. 그리고 나 혼자서 느끼는 비트코인에 관한 생각보다는 다양한 사람들의 시선과 경험을 느껴보는 것도 중요하다는 생각이 들어 넣기로 했다.

시골 영어 선생이
만난 사람들

비트코인 투자 1년 차 초보 투자기 (이수완)

비트코인을 알게 된 것은 비교적 오래되었다. 그러나 그동안 특별한 관심이 없었던 이유는 친구들과 직접 채굴을 하며 얻은 비트코인을 어디에 서야 하는지도 몰랐고, 그저 돈이 되지 않는 암호화폐 정도로만 생각했기 때문이다.

돈으로 바꿀 수 없다는 생각이 들어 그때 채굴한 비트코인은 모두 처분해버렸다. 그러던 중 2016년 8월에 다시 채굴 투자를 시작해 지금까지 이어오고 있다. 우리나라에 비트코인을 거래할 수 있는 거래소를 알았기 때문인데, 당시 1 BTC에 80만 원 정도 했다.

그로부터 1년 남짓 채굴을 진행하면서 생업으로 하는 복사기 관련 사업보다도 수익이 높아서 채굴 투자에 대한 만족도가 커졌다. 내가 채굴을 처음 시작했을 때는 채굴기 1기당 약 3천 원 정도 였는데, 한 달에 약 9만 원의 수익을 낼 수 있었다. 사실 별것 아닌 수익이지만, 1년 동안 채굴 투자에 집중해 현재는 한 달에 약 5천만 원의 수익을 벌어들이고 있어 해오던 복사기 사업을 정리했다. 복사기 사업이라는 것이 수익 증가에 한계가 있었다. 그러나 비트코인 채굴은 투자를 하면 할수록 수익이 늘어나니 당연한 선택이었다.

처음 비트코인 채굴 투자를 시작하면서 다양한 채굴 투자 관련 기업을 알아보기도 했다. 그런데 내가 알아본 회사들은 1년이 채 되기도 전에 모두 사라졌고, 트레이딩 관련 기업만 몇 곳 남아있을 뿐이다. 나는 트레이딩보다는 채굴을 통한 투자가 더 좋겠다는 생각 끝에 채굴 투자를 진행했는데, 트레이딩 투자 기업은 대부분 비트코인을 단기 운용해 얻는 수익을 분배할 뿐이어서 가격 하락세가 지속할수록 위험하다는 생각을 했다.

대기업 임원 부럽지 않은 수입을 얻고는 혼자만 알고 있는 게 아까워 주변에 같은 사업을 하던 동료들에게 비트코인 채굴 투자를 권유하기 시작했다. 나 역시 오랫동안 어렵고 힘든 복사기 사업에 지쳤던 터라 동료들에게 도움이 되었으면 하는 마음이 가장 컸다.

동료나 주변 사람들은 처음 비트코인 채굴을 통해 돈을 벌 수 있다는 사실을 믿지 않았다. 당연했다. 눈에 보이는 실체도 없는 암호화폐로 돈을 벌 수 있다는 것은 채굴을 했던 나도 믿지 않았기 때문이다. 그래서 그동안 내가 채굴을 통해 벌어들인 수익을 보여줬다. 거래소에서 비트코인을 팔고, 그것이 내 계좌로 송금되는 것을 보여주니 그제야 비트코인이 돈이 된다는 사실을 믿게 되었다.

주변에 비트코인 채굴을 알리는 한편 벌어들인 수익으로 다시 채굴기에 투자하니 돈이 돈을 낳는다는 말이 실감 났다. 비트코인 채굴이 충분한 투자수익이 보장된다는 생각에 아파트 담보대출을 통해 3억 원의 자금을 마련했고, 이 돈을 모두 채굴기 투자에 넣었다. 지금은 채굴기 20기를 운용하며 1년 만에 1억 원 이상의 수익을 올렸다. 이렇게 구매한 채굴기 20기를 운용하고 있다.

초장기 직접 장비를 마련해 채굴을 경험한 내가 채굴 기업에 투자해 대리 채굴을 하는 이유는 관리하는데 필요한 것들이 많기 때문이다. 장비를 일일이 점검해야 하고, 유지보수에도 손이 꽤 많이 간다. 그러나 채굴 투자를 진행하면서 이런 것들을 모두 신경 쓰지 않고, 수익을 볼 수 있다는 점이 마음에 들었다.

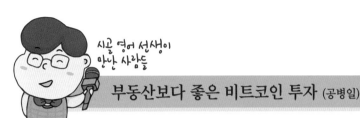

부동산보다 좋은 비트코인 투자 (공병일)

나는 19년간 몸담았던 금융계를 떠나 부동산 임대사업을 시작했다. 노후를 대비한 안정적 수익은 부동산뿐이라고 알고 있었는데, 몇 달 전 비트코인 투자를 알게 된 후 지금은 한 달에 4천만 원가량 수익을 보고 있다. 이렇게 많은 수익을 올리기는 비트코인이 처음이다.

우연히 비트코인을 알게 되고 투자를 시작했는데, 발행 수량이 한정되어 있다는 점을 주목했다. 나름대로 금융계에 있던 지식을 동원해 판단했는데, 발행량이 무한하다면 시장기능에 의해 가격이 하락할 수밖에 없다. 반면 비트코인 채굴은 한정된 수량과 채굴 난이도에 따라 점점 희소성이 있기 때문에 투자를 해도 괜찮다는 생각을 했다. 게다가 직접 채굴하는 것이 아니라 채굴 기업에 투자하는 형태는 시간과 돈 두 가지를 모두 얻을 수 있어 매력적으로 다가왔다.

채굴 투자를 결정한 후 나는 처음 3천만 원으로 채굴기를 운영했고, 수익이 발생한 후 다시 3천만 원을 투자해 월평균 8

BTC를 얻고 있다. (8 BTC는 2017년 12월 초 기준으로 한화 약 192,000,000원이다.)

나 역시 주변에 비트코인 채굴 투자를 소개하며 투자하기를 권유했는데, 처음에는 대부분이 투자하기를 꺼렸다. 사실 비트코인이라는 것이 무엇인지 정확히 모르기도 하고, 채굴기 투자라는 것이 소액으로 무조건 할 수도 없는 것이기 때문에 두려움이 생기는 것은 당연한 일이다. 그러나 내가 권유해 채굴 투자를 하고 있는 약 30명의 사람 중 후회하는 사람은 단 한 사람도 없다. 오히려 내가 알려주자마자 일찍 시작하지 않은 것을 후회하고 있다.

내 권유로 투자를 시작한 사람들은 처음에는 반신반의했다. 투자금을 송금하고 처음 3개월 동안 불안하다는 말과 괜찮겠냐는 말을 여러 번 들었다. 그때마다 내가 대신 지인들에게 확신을 심어 주었고, 지금은 지인들이 나서서 채굴기 투자 규모를 늘려 1억 원까지 투자를 늘리는 지인까지 생겼다.

처음에 불안하던 사람들이 시간이 갈수록 확신을 하게 된 것은 역시 수익금이 실제로 발생했기 때문이고, 그에 따라 흥미가 생겨 스스로 인터넷을 통해 더 많은 자료를 찾아보며 비트코인에 대해 신뢰를 쌓아가기 때문이다. 투자에는 신뢰만큼 중요한 것은 없다고 생각하는데, 나 역시 처음 비트코인 트레이딩 회사의 투자에 현혹된 적이 있었다. 그러나 그 회사 중 지금까지 투자를 권유하는 회사는 한 곳도 없다.

이런 회사들 때문에 비트코인 투자에 대해 부정적인 이야기가 돌고 있는 것도 알고 있다. 그것은 비트코인을 단지 투기로만 보고, 정확한 정보를 알지 못한 채 흥미 위주의 기사만 쓰는 언론의 탓도 있다. 그럴 때일수록 더 정확한 정보를 찾아봐야 하며, 질이 나쁜 불량 투자회사는 시장에서 즉시 퇴출해야 한다고 본다.

　　내가 지금 투자하고 있는 채굴 기업은 투자자를 위해 노력하는 점이 보인다. 매일 투명한 채굴 데이터와 채굴된 비트코인을 보내오고 있기 때문이다. 만약 임대업만을 계속했었다면 이 정도의 이익을 거두기 힘들었을 것이다.

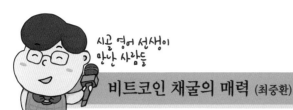

비트코인 채굴의 매력 (최중환)

내가 비트코인 채굴 투자를 한 것은 4개월 전이다. 그 전에는 자영업을 하며 주식투자를 하고 있었는데, 비트코인과 블록체인에 관한 얘기는 들었지만 자세히 알아보지 않고 있었다. 그저 블록체인이 컴퓨터 네트워크를 이용한 일종의 프로그램이라고만 생각했을 뿐 미래를 바꾸는 패러다임이 될지는 모르고 있었다. 그러던 중 지인을 통해서 블록체인에 관한 얘기를 듣게 되었고, 이미 해외는 물론 우리나라에서도 투자처로 주목받고 있다는 걸 알게 됐다.

비트코인에 관한 자료를 찾아보고 난 후 채굴 투자의 매력을 느껴 투자하기로 결정했지만, 그 순간까지도 확신을 하지 못했다. 평소 신의가 있던 지인을 믿고 투자한 것밖에는 없었다. 그러던 것이 5개월째로 접어든 요즘, 수익은 이미 투자금액을 모두 회수했고, 남은 금액으로 채굴기를 늘려 총 16기로 투자를 계속하고 있다. 내가 투자하고 있는 채굴기를 운영하는 회사는 채굴 투자 부분에서 상위 10위 안에 드는 회사다.

나는 그동안 주식을 통해 이익을 거둔 적도 많았다. 그러나 내가 경험한 비트코인 채굴 투자는 주식보다 더 안전하다고 생각한다. 주식은 가격의 등락이 많아 처음부터 개미투자자들이 성공하기에는 힘들다. 하지만 채굴 투자는 기기만 구입한다면 안정적인 수익을 올릴 수 있기 때문에 상대적으로 수월한 투자가 가능하다.

지금까지 투자를 진행하면서 실제로 수익이 생겨 주변 사람들에게도 많이 권하고 있다. 주변 사람들은 실제 겪어보지 않은 상태에서는 채굴 투자가 무엇인지 정확히 알고 있지도 못했다. 그러나 내 도움으로 투자를 결정한 사람들이 고맙다는 얘기를 많이 한다. 나 역시 채굴 투자를 통해 많은 수익을 올릴 수 있었고, 가족들까지 덩달아 행복해졌다. 이 비트코인 열풍이 언제까지 이어질지 모르지만, 가능한 한 오래 지속하기를 바라는 마음이다.

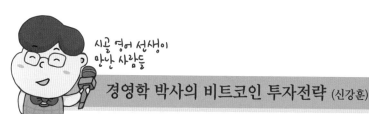

내가 비트코인 채굴을 처음 접한 것은 친구의 소개였다. 당시 비트코인의 가격은 50~60만 원 정도였다. 친구의 소개로 채굴 투자를 시작하긴 했지만, 6개월이 될 때까지 투자 수익에 대해 생각하지 않았다. 그도 그럴 것이 비트코인을 벌었을 때 어느 정도의 수익이 될 것인지 잘 알지도 못한 상태였고, 그 가치가 앞으로 어떻게 될 것인지도 전혀 예상하지 못했었다. 그러나 기대 이상의 수익을 올리고 난 뒤에는 채굴기를 늘려 현재 총 10기의 채굴기를 운용하고 있다.

채굴 투자로 얻은 비트코인을 거래소에서 거래하기도 했다. 그동안 비트코인 가격이 크게 올라 매우 만족하고 있다. 거래소에서의 트레이딩 투자와 채굴 투자를 굳이 비교하자면 나는 채굴 투자가 수익률 면에서 더 나은 투자라는 생각이 들었다. 채굴로 얻은 비트코인을 거래소에서 팔면서 간접 트레이딩까지도 경험할 수 있다.

만약 비트코인 투자에 관심 있는 분이 있다면 한 가지 말씀드릴 게 있다. 트레이딩 투자는 낮은 가격에 사는 것도 중요하지만,

파는 시점 역시 중요하기 때문에 많은 시간을 뺏길 수밖에 없고, 그만큼 위험도 더 높다고 생각한다. 시세차익도 항상 볼 수 있는 것이 아니고, 한번 팔면 그걸로 끝이다. 따라서 하루 24시간 내내 가격 추이를 지켜볼 자신이 없다면 단연코 채굴 투자를 권한다.

내가 투자한 비트코인 채굴기는 1기당 500만 원의 투자금으로 운용하고 있으며 한 달에 약 40만 원의 수익을 내고 있다. 지금은 6개월 정도 지켜봤는데, 내 생각에 1년이면 투자원금을 모두 회수할 수 있을 것으로 보인다.

내가 비트코인에 투자하는 것은 비트코인에 대한 믿음 때문이다. 비트코인이야말로 암호화폐의 상징적인 존재이기 때문이다. 나는 곧 2018년이 되면 1 BTC에 1,000만 원으로 상승하리라 조심히 예상한다. 그리고 비트코인 외에도 스팀이나 퀀텀 같은 암호화폐를 주목하고 있기도 하다.

혹자는 비트코인의 가격이 갑작스럽게 올랐기 때문에 더 이상 오르지 않을 거라고 생각하지만 그것은 단순히 가격만 보고 있는 사람들의 생각일 뿐이라고 본다. 그런 사람들은 언론에 비친 비트코인의 부정적인 의견에 따르는 것이다. 무엇이건 부정적인 시각은 사람들에게 효과적으로 각인할 수 있다. 그러나 막상 비트코인 투자에 관해 사실을 알게 된다면 그들의 시각이 바뀔 수 있다고 확신하고 있다. 일반 대중이 디지털화하는 시장에 접근하기는 어려운 일이다.

부정적인 소식을 전하는 언론 보도는 일부 사실인 것도 있다. 투자를 유혹하는 투자 기업 중에는 비트코인을 앞세워 투자자들을 대상으로 이득만 취하려는 질 나쁜 투자 기업도 있기 때문이다. 그들은 확실한 투자를 빙자해 거짓된 정보로 투자자들을 현혹한다. 하지만 이런 기업들의 속내를 들여다보면 비트코인이나 다른 암호화폐들과는 근본적으로 거리가 있다.

문제는 일반 투자자들이 옥석을 가려 피해를 보지 않도록 하는 것이다. 피해를 막기 위해서는 우선 투자하려는 기업에서 공개하는 블록을 확인하는 것이다. 기술적으로 블록체인 시스템으로 생성되는 암호화폐는 공개 장부이기 때문에 실시간으로 생성되는 블록을 확인할 수 있다. 물론 이런 것들을 한번에 알아보려면 약간의 공부도 필요하다. 그러나 아무런 수고 없이 수익을 올릴 수는 없는 일이다.

세상이 점점 좋아지니 요즘은 '소피'라는 인공지능 애플리케이션을 통해 트레이딩 투자 도움을 받을 수도 있다. 감정 없는 로봇이야말로 가격 등락을 분석해 매수와 매도 시점을 정하기 때문에 사람이 하는 것보다 투자 수익률은 높을 수 있다. 하지만 사람이 하는 것과는 근본적인 차이가 하나 있는데, 바로 옥석을 구분하는 일이다. 제아무리 좋은 정보라고 하더라도 거래하는 시장 자체가 좋지 않다면 문제가 될 수 있다. 또한 지금은 적은 수의 유저가 이용하기 때문에 인공지능을 이용한 트레이딩 투자가 효과를 볼 수 있겠지만 갈수록 이용자가 많아진다면 일정 비율 이상의 수익을 기대하기는 어렵다. 나름의 한계도 분명히 존재하는 것이다.

나는 '비트클럽 네트워크'라는 채굴 기업에 투자하고 있다. 내가 투자를 시작했을 때 비트클럽 네트워크는 아마존 알렉사에서 1만 2천 위에 랭크되었고, 최근 7천 위까지 순위가 올랐다. 이 순위가 대단치 않은 것처럼 느껴질지도 모르겠지만, 유명한 쇼핑몰인 G마켓의 기업순위가 9천 위에 랭크되어 있다. 이 기업은 비트코인 채굴을 시작한 지 2년이 넘었기 때문에 객관적으로도 신뢰할 수 있는 기업이라고 생각했다.

나는 '게임에 룰이 바뀔 때 기회가 있다'고 한 조지 스위스의 말에 공감한다. 많은 사람들이 학습된 룰 이외의 것을 보지 못하고 있지만 변화를 적극적으로 알고 기회를 포착하는 것이 무엇보다 중요하다고 생각한다. 내가 추천한 지인들 역시 나와 함께 투자에 만족하는 만큼 더 많은 사람에게 비트코인 채굴 투자를 권하고 싶다.

20대 젊은이의 돈 버는 투자 (정소영)

비트코인 채굴기와 리플에 투자하고 있다. 나는 성격이 급한 편이고, 어떤 일을 하면 당장 결과를 봐야 했다. 그래서 단기투자를 생각해 비트코인이나 이더리움에 투자를 할까 고민했지만, 장기적인 투자를 위해 채굴기와 리플을 구입해 투자하고 있다.

내가 리플을 구입한 이유는 1년 단위의 수익 창출을 목표로 하기 때문인데 단순히 은행에서 가입하는 적금도 최소한 1년이 필요하기 때문에 적음이라고 생각하고 적은 금액으로 구입할 수 있는 리플을 대량 구매해 1년 후를 도모하려는 생각이었다.

한편 채굴기에 투자를 한 것은 매달 실제 투자 수익을 확인하고 싶어서였다. 또 채굴을 통해 얻는 수익을 리플로 전환해 지속적으로 리플 투자를 이어가려는 전략을 세우기도 했다. 나는 1년 후 리플의 상승을 기대하고 있기 때문에 따로 추가 구매하는 리플은 채굴기를 통한 수익으로만 전환하고 있는 것이다.

나는 지금까지 채굴기에서 얻는 수익에 만족하고 있다. 내가 운영하는 1기의 채굴기는 매월 30만 원가량의 수익을 주고 있는데, 채굴기 1기를 약 500만 원에 구입했다. 500만 원으로 월 30만 원의 수익을 올리는 것은 어디에도 없는 투자라는 것을 확신한다. 한 달 동안 모인 비트코인은 거래소에서 생성한 지갑으로 옮겨놓았고, 가격이 더 오르면 팔아서 현금화할 생각이다.

나는 돈을 버는 수단으로 비트코인 채굴 투자를 선택했다. 돈을 버는 방법은 생산 활동이나 노동, 또는 유통을 통해야 가능하지만 내가 볼 때는 비트코인 채굴 투자가 이 세 가지를 모두 가지고 있다고 생각했기 때문에 투자를 결심하게 되었다. 더불어 내 삶 역시 채굴 투자로 바뀌었다. 평소에 좋아하는 여행을 할 수 있는, 무엇보다 삶의 여유가 생긴 점이 마음에 든다.

시골 영어 선생이 만난 사람들

월 1천만 원을 버는 주부 (김채연)

나는 보험, 증권, 화장품 판매 등 다양한 일을 두루 해오며 다른 주부에 비해 나름의 사회 경험이 많은 편이라고 생각했다. 그러나 최근 인기를 얻게 된 비트코인에 관해 듣게 되었는데, 그것이 무엇인지 전혀 알지 못하던 나는 친분이 있는 언니를 통해 우연히 비트코인과 채굴 투자라는 것까지 알 수 있었다. 평소 신뢰하는 관계였기 때문에 언니의 말을 따라 비트코인 투자를 시작했다.

내가 투자한 것은 비트코인을 채굴하는 '채굴기 투자'라는 것이었다. 채굴기 1기당 일정한 금액을 투자하고, 채굴된 비트코인을 수익으로 받는 형태의 투자였다. 사실 내가 비트코인 채굴 투자를 한 이유는 잘 알지 못하는 비트코인이라는 것보다는 사람을 더 믿었기 때문이다. 그러나 3일째 투자한 채굴 기업의 자료와 채굴되는 비트코인 정보를 보면서 효과적인 채굴 시스템과 투명한 관리가 마음에 든다. 지금처럼 투자가 이어진다면 앞으로도 만족하리라고 생각한다.

그동안 모았던 자금으로 채굴기 10기로 처음 투자를 시작했는데, 투자 3일째가 된 지금 채굴 상황을 보니 1기의 채굴기로 하루에 벌어들이는 수익은 약 1만 3천 원 정도다. 계속 가치가 상승하는 지금의 비트코인 시세대로라면 한 달을 모았을 때 1기당 약 40만 원 가까운 수익을 올린다는 계산이 나온다.(2017년 9월) 현재 10기의 채굴기를 운용하고 있기 때문에 월평균 300만 원 정도의 수익을 예상하고 있기 때문에 이른 시간 안에 채굴기 수를 늘려 20기까지 보유하고, 향후 월 1천만 원의 수익을 올리는 것이 내가 정한 목표다.

비트코인을 채굴하면서 거래소를 통해 사고파는 트레이딩 투자도 많은 사람이 하고 있는 방법이지만, 당분간은 채굴되는 비트코인을 더 모은 후에 트레이딩을 함께 해볼 생각이다.

비록 비트코인에 관해 전혀 모르고 시작한 투자였지만, 지금부터라도 공부할 생각으로 책을 사고 인터넷을 통해 관련 정보를 점점 많이 접하는 중이다. 사실 다양한 직업과 금융 투자를 경험했던 나는 새로운 비트코인이라는 것에 대해 부정적인 시각을 가진 사람들을 이해한다. 나 역시 좋지 않은 경험으로 인해 투자에 대한 불신을 느낀 적도 있으니 말이다. 그러나 짧은 시간이지만 투자를 진행하면 할수록 더 많은 사람들이 반드시 채굴 투자가 아니더라도 비트코인에 관해 공부하고 알아가기를 권하고 싶다.

차별 없는 동등한 조건에서 채굴 투자를 시작할 수 있다는 점이 마음에 들었다. 사실 비트코인 채굴 투자는 단순히 채굴기 수에 비례해 비트코인을 얻을 수 있는데, 이런 단순한 점이 오히려 이것저것 신경 써야 하는 복잡한 투자방식에 지친 사람들에게 장점이 될 수도 있을 것 같다는 생각이 든다.

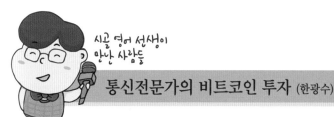

통신전문가의 비트코인 투자 (한광수)

　처음에 비트코인을 알게 된 것은 2016년 9월, 친구 모임에 갔다가 이야기를 들으면서 시작되었다. 자연스럽게 투자에 관한 이야기도 나왔는데, 컴퓨터 관련 사업을 운영하고 있어 흥미롭게 들었지만 업무도 바쁘고 가장으로서 사업체를 꾸려야 했기에 비트코인 투자를 시작하기는 현실적으로 힘들었다.

　본격적으로 비트코인을 공부하고 투자를 시작한 것은 2017년 1월부터였다. 2017년 1월부터 7천만 원을 투자해 비트코인을 채굴하고 있는데, 약 1년이 되어가는 지금 시점에서 수익은 투자금을 제외하고도 약 2억5천만 원가량의 수익을 올리고 있다. 물론 채굴과 함께 적절한 가격의 트레이딩을 함께 하고 있기에 고수익을 올리고 있다.

　거래소를 통해 비트코인을 트레이딩하는 사람은 많지만, 내가 그들과 다른 것은 사고파는 차익이 아니라 직접 채굴해 받은 비트코인으로 수익을 올린다는 점이다. 트레이딩을 하기 위해서 비트코인을 구입하지 않아도 되고 그 비트코인 시세에 들썩거리지 않아도 된다는 것이 채굴에 큰 장점이라고 생각한다. 내가 나름의 고수익을 올리는 것은 채굴과 트레이딩의 적절한 조합이지만, 트레이딩보다는 채굴에 더 집중하는 편이다. 비트코인 시세가 갑자기 폭락, 폭등하는 경우에만 트레이딩을 하고 다른 경우에는 하지 않는다. 이렇게 채굴과 트레이딩을 적절히 활용해 투자하면서 각 투자의 장단점과 차이를 알아가고 있다.

내가 이렇게 많은 수익을 올린다는 것을 주변 사람들에게 말해주면 대부분 수익이 크기 때문인지 잘 믿지 못하는 경향이 있다. 그럴 때는 내가 진행하는 채굴기 투자 화면을 보여주고 설명하곤 하는데, 있는 그대로를 보여주니 의심을 거두는 사람도 있지만 아직까지는 여전히 믿지 못하는 사람들이 있는 것도 사실이다. 물론 새로운 패러다임을 어느 한순간에 모두 이해하라고 하는 것이 무리일 수도 있을 것이다.

많은 사람들이 가장 걱정하고 의심을 거두지 못하는 이유 중 하나는 과연 채굴 투자 기업을 믿을 수 있느냐 하는 것이다. 돈 앞에서는 친구도 믿지 못하는 상황이 당연하기도 하지만, 그럴 때는 이 좋은 투자처를 알지 못한다는 생각에 조금 답답할 때도 많다. 내가 채굴 기업에 신뢰를 가진 이유는 다른 것이 아니다. 비트코인을 트레이딩해 수익을 나누는 회사가 아니라 순수하게 채굴장비와 공개된 데이터를 바탕으로 비트코인을 채굴하는 기업이기 때문에 블록체인 상 이 기업이 정말 비트코인을 채굴하는지 확인할 수 있기 때문이다. 또한 기업의 설비와 운영 시스템, 그리고 재무건전성까지 확인하기도 했다. 따라서 나는 어떤 사람에게도 내가 투자하는 회사에 대해서 자신 있게 소개할 수 있다.

비단 비트코인뿐만이 아니라 어떤 투자도 자세히 알지 못하면 실패하기에 십상이다. 그 어렵다는 주식투자도 수익을 올리는 사람이 많지 않은데, 세상에 없다가 갑자기 생겨난 새로운 비트코인이야 오죽할까. 암호화폐라는 특성은 어떤 사기행위로 투자금을 갈취할 수 없는 구조다. 지금까지 벌어진 암호화폐 사기란 결국 일확천금을 바라고 제대로 알아보지도 않은 채 부실한 기업에 투자했기 때문이라고 나는 생각하고 있다. 욕심이 화를 부르는 것이다.

비트코인 채굴 투자는 결국 내가 가지고 있는 기기가 채굴한 일정량을 채굴 기업과 분배하는 것이다. 그런데 한번에 많은 돈을 벌려고 하다 보니 잘못된 정보에 현혹되어 사기를 당하는 것이다. 나는 지금 운용하는 채굴 투자 외에 더 높은 수익을 올릴 수 있다는 기업이 등장해도 섣불리 투자할 생각을 하지 않는다. 이미 안정적인 수익을 올릴 수 있는 기업을 선택했기 때문이다.

아직도 비트코인 채굴에 관해 알지 못하는 사람들에게 하고 싶

시골 영어강사가 만난 사람들　06

은 말이 있다. 만약 암호화폐 채굴 투자를 하고 싶다면 암호화폐를 얻기 위한 작업인 블록 생성을 확인하고, 채굴에 관해 전 세계 20위권 내에 있는 기업을 선택하는 것이 좋다.

조심스럽게 비트코인의 미래를 예측한다면, 앞으로 5년 이내에 비트코인을 화폐처럼 쓸 수 있는 시대가 올 것으로 생각하고 있다. 따라서 비트코인을 비롯한 암호화폐에 관해 조금 더 적극적으로 관심을 두고 지켜보시기를 바란다. 생각지도 못했던 곳에서 기대하지 않았던 수익이 발생할 수 있기 때문이다.

용기 있는 자가 미인을 얻는다는 말이 있듯이 적극적인 사람이 먼저 부를 이룰 수 있으리라 생각한다. 이와 함께 정책적으로도 암호화폐를 제도권으로 편입할 수 있도록 지원하는 것도 중요할 것이다.

전 금융인, 비트코인에 빠지다 (신정훈)

　2017년 5월에 처음 비트코인 채굴 투자를 시작했다. 암호화폐 소식을 처음 접한 것은 1년전 이었지만, 암호화폐 자체가 현금과 같은 것이라는 것은 전혀 알지 못했다. 그러던 중 채굴로 얻은 비트코인을 거래소에서 팔고, 내 계좌에 현금이 입금되면서 비로소 '이것이 돈이구나'하는 생각을 했다.

　1년 전 당시에만 해도 비트코인은 1 BTC에 70만 원 정도에 불과했다. 하지만 1년이 지난 지금은 무려 1천만 원을 넘었다. 그 당시에 시작했다면 큰 이익을 봤겠지만 아쉽게도 비트코인에 대해서 빠르게 파악하지 못했기 때문에 기회를 놓쳤다. 비트코인을 모르는 사람들은 짧은 기간 안에 급속도로 가격이 올라갔다고 하지만 한정된 개수인 희소성, 전 세계 사람들이 모두 사용할 수 있는 공용성을 가지고 있기 때문에 가격은 더욱 상승한다고 본다.

　작년 말, 1 BTC에 100만 원이 되었을 때 국내외 언론에서는 더 이상의 가치 급등은 없다고 했지만, 지금도 비트코인의 가치는 점점 상승하고 있다.

　가격이 오르다 보니 거래소를 통해서 트레이딩을 하는 사람들이 많다. 하지만 나는 채굴에 투자하는 것이 더 효과적이라고 생각하는데, 사람들이 적절하고 안전한 투자처를 찾지 못하고 있기 때문에 트레이딩을 한다고 본다.

현재 내가 투자하고 있는 회사는 전 세계에 채굴회사중 10위 안에 있는 회사이다. 투자를 시작한지 4개월이 지났지만 충분히 만족하고 있다. 주변에서 함께 채굴 투자를 하는 사람들도 크게 만족하고 있으며, 이제 막 투자를 시작한 사람들은 아직 채굴이 시작되지 않았지만 충분히 기대를 하고 있다.

채굴기 1기를 투자하는데 약 500만 원 정도의 금액이 발생한다. 한번 구입한 채굴기는 1000일동안 작동하게 된다. 하지만 채굴을 진행하면서 일부는 재투자가 가능하기 때문에 비트코인을 채굴할 수 있는 2140년까지 채굴이 가능하다고 볼 수 있다.

채굴기 1기로 한 달에 약 30~40만 원 정도의 수익이 발생한다. 채굴에 대한 수익도 있고 영업에 대한 수익도 있지만 매일 새벽 4시면 회사로부터 채굴된 비트코인이 들어오기 때문에 힘들이지 않고 안전하게 코인을 확보할 수 있다.

이런 채굴에 대해서 주변 사람들에게 알려 같이 돈을 버는 상황이 되었으면 좋겠다. 비록 나는 짧은 기간 경험한 채굴투자이지만 지금의 수익에 만족하고 있으며, 앞으로 더 많은 수익이 있을 거라는 기대를 하고 있다.

요즘은 워낙 많은 투자 사기가 있다 보니 암호화폐 선택에 어려움이 있겠지만, 무엇보다 안정적이고 신뢰할 수 있는 투자회사를 선택하는 것이 중요하다.

아직 비트코인에 투자하고 있지 않은 사람들에게 전하고 싶은 말이 있다. 비트코인을 너무 부정적으로만 바라보지 말고 변화를 기회로 삼아야 한다는 것이다. 기회란 결국 자기가 만드는 것이다.

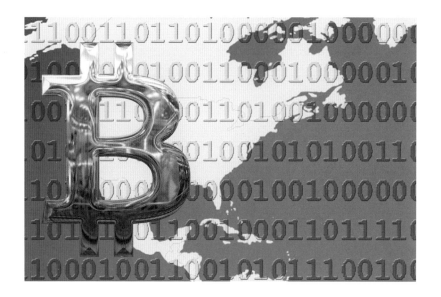

시골 영어강사가 만난 사람들

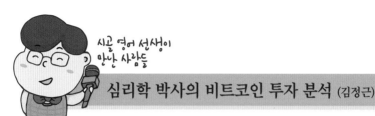

심리학 박사의 비트코인 투자 분석 (김정근)

　모든 언론에서 떠들썩하게 기사화되기 전에는 전혀 비트코인이라는 존재를 모르고 있었다. 어디에선가 그런 얘기를 들은 적은 있었지만, 그저 컴퓨터로 주고받는 가상의 화폐가 있다는 정도로만 여겼을 뿐이다. 그러니 비트코인에 투자한다는 것은 생각도 못 한 일이었다.

　지금은 나도 비트코인에 투자하고 있지만, 처음부터 긍정적인 것만은 아니었다. 그도 그럴 것이 언론에서는 연일 비트코인에 관한 좋지 않은 기사만 나왔고, 유사 암호화폐들이 등장해 불법 다단계로 사용자를 모으는 등 잘못된 투자가 횡행했기 때문이다. 아무리 비트코인 투자가 좋다고 해도 이런 상황에서는 투자를 결정하기까지 망설이는 것은 어찌 보면 당연한 일이다. 그러던 중 비트코인에 대한 믿음이 생기면서 투자를 결심할 수 있었다. 하지만 주변에 신뢰할 수 있는 사람, 신뢰할 수 있는 정보를 제공하는 사람이 없다면 사실 쉽게 비트코인에 투자하기는 어렵다고 생각한다.

사람들이 가장 접하기 쉬운 투자법은 역시 암호화폐 거래소를 통하는 벙법이다. 거래소에서 비트코인을 싸게 사고, 비싸게 파는 트레이딩 투자다. 아마 가장 일반적인 투자법이 아닐까 생각한다. 어떤 곳에서는 트레이딩 투자 광고를 하면서 투자 원금의 15%를 보장한다는 곳도 있었다. 물론 비트코인의 가격 상승 추이를 볼 때 수익이 있기는 하겠지만, 15%라는 것은 그보다 수익이 낮은 사람들은 위험부담이 따른다는 것과 같다. 나는 장기간 주식을 통해서 시세차익에 대한 수익을 창출하는 것이 얼마나 어려운 일인지 직접 경험하기도 했기 때문에 결국 트레이딩 투자보다는 채굴을 통한 투자를 가장 효과적이라고 판단했다.

내가 투자를 시작한 이후부터 운 좋게도 비트코인 가치가 계속해서 오르고 있다. 초창기부터 투자하지 못한 것이 아쉬울 정도다.

비트코인 채굴투자는 무엇보다 믿을 수 있는 투자처를 찾는 것이 가장 중요한 부분이라고 생각한다. 나는 안정적인 비트코인 채굴로 일정한 수익을 창출하기 위해서 채굴기에 총 7천만 원을 투자했다. 채굴 투자에 대한 부정적 인식, 비트코인에 대한 다수의 불신, 언론의 부정적 기사 등이 있기는 하지만, 투자 기업의 체계적인 투자 구조와 세계적인 채굴 생산성, 기업이 제시하는 사업 전략, CEO의 철학적 마인드를 보고 투자를 결심할 정도였다.

내가 투자한 기업의 전략은 채굴된 비트코인을 매일 새벽 사용자들에게 정확히 지급하고, 기업의 발전을 수많은 사용자와 함께 이뤄가겠다는 취지에 공감이 갔다. 모쪼록 이런 좋은 기업들이 더 많이 나타나고, 정부는 관련법과 제도를 정비해 더 많은 사람들이 정확한 정보를 바탕으로 새로운 미래를 준비할 수 있기를 기대한다.

부록

시골 영어 선생의
비트코인 Q&A

Q 비트코인은 정말 돈인가요?

A 비트코인은 앞으로 4차 산업혁명 시대에 변화할 하나의 화폐 유형입니다. 지금까지 지폐로 사용하던 모든 화폐가 한순간에 사라질 수는 없겠지만 점차적으로 세상이 변하면서 바뀌게 될 지급 수단으로 자리 잡을 것입니다. 처음엔 '가상화폐'라는 말을 많이 썼는데요. 인터넷이라는 가상의 공간에서 돈처럼 쓴 것을 가상화폐라고 불렀습니다. 이미 우리가 많이 쓰고 있는 카카오톡의 '초코', 예전에 인기있던 싸이월드의 '도토리'도 가상화폐이지요. 그런데 암호화폐는 가상화폐+실제 지급 수단입니다.

비트코인을 비롯한 많은 암호화폐는 앞으로 어떤 특정한 곳에서만 사용하는 것이 아니라 전 세계 어디서든 누구나 사용할 수 있을 것입니다. 비트코인은 지금 이 시간에도 1 BTC에 약 1천만 원이라는 가치를 갖고 있고, 세계 여러나라가 암호화폐의 잠재력을 인정하고 있지요. 결국 비트코인은 돈과 같으며 돈 이상의 가치 변화를 가져올 변화의 바람이기도 합니다.

Q 비트코인은 어디서 사용할 수 있나요?

A 비트코인은 실제 돈과 같이 사용해 물건이나 서비스를 구매할 수 있습니다. 옆 나라 일본은 레스토랑이나 자판기, 심지어 항공권까지 구매할 수 있지요. 우리나라에서도 재작년부터 비트코인을 받는 식당과 카페가 영업 중입니다. 다만 아직까지는 상징적인 의미가 더 강합니다. 하지만 점차 미국, 네덜란드, 일본 등 특히 여러 국가에서 활발하게 사용하거나 사용할 준비를 하고 있고, 일본을 비롯한 몇몇 국가는 공식 화폐에 준하는 지위를 부여하기도 했습니다.

Q 암호화폐는 어떻게 얻을 수 있나요?

A 비트코인을 비롯해 이더리움, 비트코인 캐시 등 암호화폐는 전 세계에서 약 2천여 종이 넘습니다. 이들 중에는 국내 거래소에도 상장되어 거래소를 통해 구하는 것이 가장 쉽지요. 그러나 국내 거래소

에서는 수많은 암호화폐 중 몇 가지밖에 구입할 수 없습니다. 거래소를 통하지 않고도 얻을 수 있는 방법이 또 있는데요. 바로 채굴을 통해서입니다.

광산에서 금을 캐는 것과 비슷해서 '채굴'한다고 한 이야기는 앞에서 했었죠? '캐다'라는 의미는 컴퓨터를 이용한 채굴 장비로 블록을 생성하는 일을 말하는데요. 블록을 생성하기 위해서는 '해시 함수'라고 하는 수학 문제를 풀어야 합니다. 비트코인은 바로 해시 함수를 풀어 블록을 생성한 대가로 지급되는 것입니다.

채굴을 하기 위해서는 컴퓨터로 만든 채굴기가 있어야 하는데요. 중국을 비롯한 많은 나라가 채굴로 비트코인을 얻기 위해 대규모의 '채굴장'을 마련해 비트코인을 얻고 있습니다. 마지막으로 비트코인으로 결제를 받는 방법이 있지요. 지금은 생소하게 들릴지 모르지만, 앞으로 널리 확산될 결제 시스템입니다. 우리가 처음 교통카드로 대중교통을 이용하는 것도 처음엔 이해하지 못할 때가 있듯이 말이지요.

만약 내가 어떤 상점을 하고 있다면 비트코인 결제 서비스를 도입해서 비트코인을 얻을 수도 있습니다. 물건이나 서비스를 제공하는 대가로 돈 대신 비트코인을 받는 건데요. 비트코인은 시간이 갈수록 가치가 상승하는 추세이고, 반대로 돈의 가치는 점점 줄고 있기 때문에 비트코인으로 대금을 지급받는 방법도 가까운 미래를 위해서 현명한 선택이 될 수 있습니다.

Q 비트코인은 안전한가요?

A 비트코인은 여러 사용자가 분산해 거래를 증명하는 블록체인 시스템을 기반으로 합니다. 만약 누군가가 비트코인을 해킹하려고 한다면 블록체인 전체를 해킹해야 하는데, 이게 말처럼 쉽지만은 않습니다 거래 내역이 담긴 블록은 각 사용자로부터 그 내용을 확인받는 과정을 지속적으로 거치게 되는데, 그 시간이 현재 10분 정도밖에 걸리지 않습니다. 그러니까 해커는 단 10분이라는 시간 동안에 전체의 블록체인을 해킹해야만 성공할 수 있다는 뜻이지요. 이 정도면 안전성은 담보된 것이라고 봐야 합니다. 그리고 바로 이러한 점 때문에 기존의 금융기관의 중앙 집중적인 보안 시스템보다 보안성 면에서 월등하다고 하는 것이지요.

물론 여러 언론 매체에서 비트코인이 해킹되었다는 소식이 나오기도 했습니다. 그러나 정확히 말하면 블록체인이 해킹된 것이 아니라 비트코인이 오가는 거래소가 해킹된 것입니다. 그리고 거래소 해킹은 어느 거래소가 보안 강화에 신경 쓰고 있는지 선택함으로써 방지할 수 있는 일입니다.

실제로 거래소에 가입하고 로그인을 하려면 이중, 삼중의 로그인 라가 필요합니다. 이것은 그 거래소가 그만큼 보안에 신경쓰고 있다는 뜻입니다. 조금 번거롭긴 하지만 소중한 내 재산을 지키기 위해서는 그만한 수고는 감수해야 하겠지요.

Q 비트코인에 세금이 있나요?

A 요즘 비트코인을 통해서 수익을 올리는 사람들이 굉장히 많이 늘었습니다. 채굴기로 얻은 비트코인을 팔아 수익을 올리기도 하고, 거래소에서 주식 트레이딩처럼 비트코인을 거래하며 시세차익을 얻기도 합니다. 그러나 아직은 제도적으로 정해진 것이 없습니다. 따라서 지금까지는 비트코인 거래로 올린 수익에 대한 세금은 없습니다.

하지만 언제까지나 세금을 내지 않을 수는 없겠지요. 비트코인 거래금액은 계속 늘고 있고, 지금도 약 6조 원이라는 어마어마한 금액이 오가고 있으니 말입니다. 현재 미국은 비트코인에 대한 수익을 금융상품으로 보고 세금을 부과한다고 합니다. 아직 정확하지는 않지만 우리 정부 역시 비트코인으로 벌어들이는 수익에 대해 세금을 부과하는 방법을 준비 중이라고 합니다.

Q 비트코인은 누가 발행하나요?

A 나카모토 사토시라는 비트코인 개발자가 있기는 하지만, 그 역시 우리와 똑같은 채굴을 이용해 비트코인을 얻었습니다. 따라서 비트코인을 발행하는 기관이나 단체는 전혀 없습니다. 있다면 컴퓨터로 연결된 지구촌 전체의 시스템이라고 할 수 있습니다.

인터넷과 연결된 전 세계의 컴퓨터가 블록체인 프로그램을 통해 1분마다 블록 생성에 관여하고 있습니다. 그래서 비트코인을 '탈중앙화된 화폐'라고 말하는 것이지요.

Q 비트코인의 블록체인 시스템은 누가 통제하나요?

A 아무도 블록체인 시스템을 통제하지 않습니다. 블록체인을 구성하는 알고리즘은 근본적으로 수많은 참여자들의 활동에 의해 스스로 작동합니다. 전 세계 모든 사용자가 장부 정리, 블록 생성 등을 공동으로 하고 있는 것입니다. 물론 개발자들이 블록체인 시스템을 개선하고는 있을 뿐입니다. 그리고 시스템의 변화는 사용자들의 합의로 이루어지는데요. 일전에 비트코인을 둘로 나누는 '하드포크' 소식을 들어보셨는지요? 하드포크 이후 비트코인은 기존의 비트코인과 비트코인 캐시로 나뉘었는데요. 시스템상 이렇게 중요한 일은 사용자의 50% 이상이 동의해야 이루어집니다. 즉 누군가 자의적으로 블록체인 시스템을 운영하거나 통제하는 것이 아니라는 말입니다.

Q 비트코인의 장점은 무엇인가요?

A 앞서 살펴본 대로 지금의 화폐구조는 구조적인 문제점을 많이 갖고 있습니다. 그로 인해 미국발 금융위기나 인플레이션 같은 각종 경제적 악재들이 생기기도 했지요. 그러나 비트코인은 발행량이 증가한다고 해서 인플레이션이 발생하거나 위기를 가져오는 일은 없습니다. 오히려 사용자가 늘수록 그 가치가 점점 상승하는 특징을 갖고 있습니다.

또한 상거래를 할 때 은행 같은 금융기관을 통하지 않고 직접 거래할 수 있기 때문에 금융기관의 보안에 문제가 생겼을 때 피해를 볼 일이 없고, 무엇보다 수수료가 들지 않습니다. 현재 은행을 이용하는 사람은 세계 인구의 절반이 채 되지 않습니다. 그러나 인터넷만 연결되고 스마트폰만 있다면 언제 어디서든 비트코인 같은 암호화폐를 이용한 거래를 할 수 있습니다. 금융계에도 일대 변화가 일게 될 것입니다.

Q 사람들이 왜 비트코인을 가장 신뢰하나요?

A 지금까지 1천여 종이 넘는 암호화폐 중 비트코인은 거래금액 순으로 다른 암호화폐가 넘볼 수 없는 부동의 1위 자리를 굳건히 지키

고 있습니다. 바로 수많은 사용자가 비트코인의 잠재력과 가치를 인정하고 있다는 말인데요. 그 이유는 아주 간단합니다. 지금까지 비트코인이 세상에 나와 10년이 되어가는 동안 블록체인 시스템에 관한 한 오류가 없었기 때문입니다. 물론 거래소가 해킹되기도 하고, 사용자의 부주의로 분실된 비트코인도 있지만 지금까지 안정성이 검증되었기 때문입니다. 이런 기술적 신뢰를 바탕으로 비트코인의 가치가 꾸준히 오르고 있는 것입니다.

Q 비트코인 거래는 익명으로 할 수 있나요?

──

A 지금 우리가 사용하는 법정화폐 역시 기본적으로는 익명으로 쓰는 구조입니다. 돈에다가 볼펜으로 이름을 쓰지는 않으니까요. 단지 돈이 오갈 때 계좌를 통해 거래 내역이 남기 때문에 실명이 나타나는 것입니다.

비트코인 역시 돈을 쓸 때와 마찬가지로 익명성이 있습니다. 그런데 비트코인의 익명성이란 은행 같은 금융기관을 거치지 않았다고해서 생기는 것이 아닙니다. 비트코인도 블록체인 시스템이라는 틀안에서 거래내역을 기록하고 있습니다.

문제는 누가 어떤 형식의 거래를 했다는 것이 아니라 해당 거래 자체가 기술적으로 완벽하게 증명되어 있느냐의 문제입니다. 결국 '익명성'이라는 것은 기존의 금융 제도 아래서 바라본, 이제는 편협할 수 있는 시각일 뿐입니다.

Q 비트코인 거래는 합법인가요?

A 비트코인 거래를 어떻게 보는지에 따라 나라마다 다른 대응을 하고 있습니다. 결론부터 말하자면 대부분의 나라에서 비트코인 거래는 불법이 아닙니다. 단지 관련 제도와 법률이 아직 정해지지 않았을 뿐입니다. 물론 베트남 같은 나라는 비트코인 거래 자체를 불법으로 규정하고 있긴 합니다. 그러나 주요 선진국들은 앞다퉈 비트코인을 비롯한 암호화폐를 제도권 내로 끌어들이려는 노력을 하고 있습니다.

우리나라는 입장이 모호한 편에 속했지만, 암호화폐 투자의 과열을 인지하고 이를 막기 위한 임시적인 정책 외에 장기적으로 제도권 내로 편입시키려는 방법을 모색 중인 것으로 알려졌습니다.

Q 비트코인의 미래는 어떨까요?

A 지금까지의 2년여 동안 비트코인 투자를 진행하며 지켜본 저는 비트코인이야말로 앞으로 우리가 숨 쉴 공기와도 같은 것이라고 생각합니다. 비트코인은 우리의 미래를 180도 바꿀 블록체인 시스템을 가져왔고, 이미 활을 떠난 화살입니다. 변화의 바람을 막을 수 있는 사람은 없겠지요. 그만큼 비트코인의 미래에 관해 저는 확신하고 있습니다. 우리가 고민해야 할 것은 그 미래가 어떤지를 고민하는 것보다 어떻게 받아들여야 하는지, 어떻게 준비해야 하는지 보다 근본적인 물음에서부터 시작해야 한다고 생각합니다.

Q 비트코인의 글로벌 시세와 한국의 시세가 다른 이유는 무엇인가요?

A 인터넷으로 검색하면 쉽게 알 수 있지만, 비트코인의 국제시세와 국내 시세가 다릅니다. 물론 가격의 등락 추이는 비슷합니다. 비트코인이 한국의 비트코인, 또는 미국의 비트코인으로 구분되는 것은 아니니까요. 그런데 가격 차이가 있는 이유는 국가가 통제하는 것이 아니라 전 세계 모두가 사용하는 화폐이기 때문인데, 자유롭게 표준 시세를 대변해주는 몇몇 유명 거래소의 시세를 기준으로 하기 때문

입니다. 우리나라에서 유명한 코빗 거래소는 '비트스탬프(bitstamp)'
라는 거래소의 가격을 기준으로 시세를 표시하고 있지요.

Q 채굴기의 수명은 어떤가요?

A 비트코인을 채굴하는 채굴기는 사실 우리가 쓰는 컴퓨터와 같
습니다. 조금 더 좋은 부품을 쓰고, 여러 기를 운용한다는 점이 차이
가 있지요. 아, 물론 기계를 구동하면서 발생하는 열을 식혀주는 '쿨
러'의 유지비용이 비싸기는 합니다. 따라서 우리가 쓰고 있는 컴퓨터

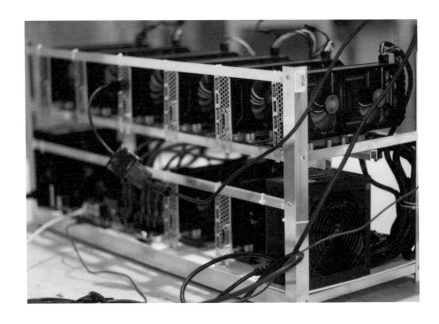

의 수명과 비슷하다고 보면 됩니다. 다만 블록을 생성하기 위해서 24시간 가동되고 있으니 사용환경이 거친 것은 분명하지요. 여러 사례를 참고하면 채굴기의 수명은 약 2년에서 3년 정도입니다.

Q 해외 거래소에서 비트코인을 구입해 한국에서 팔면 안 되나요?

A 이 말은 비트코인을 해외에서 사용할 수 있느냐는 질문과 같습니다. 비트코인은 전 세계인의 화폐이기 때문에 당연히 할 수 있습니다. 근본적으로 이동이 자유롭지요. 그리고 이러한 특징이 비트코인을 제도권으로 편입시키는 데 골머리를 썩게 하는 이유이기도 합니다.

그런데 현재로서는 비트코인을 하당국의 화폐로 교환하는 과정이 필요합니다. 그리고 우리는 아직도 은행을 이용하고 있지요. 결국 비트코인 자체를 해외에서 우리나라로 주고받는 것에는 아무런 문제가 없지만, 해외의 비트코인을 사기 위해서는 은행을 통해 송금을 해야 하는 문제가 있기 때문에 현실적인 문제가 있습니다. 다만 시간이 좀 더 지나고 여러 분야에서 변화가 일어 최초 구입과정이 생략된다면 비트코인을 자체를 이동하는 것은 아무런 문제가 없습니다.

용어 설명

    지금까지는 전문가만이 알고 있던 생소한 이름인 비트코인, 이더리움 등 암호화폐가 이제는 보통명사처럼 누구나 쓰는 시대가 되었다. 겨우 이름에 익숙해진다 했는데 이제는 전문용어들 때문에 그 안의 개념을 이해하기도 힘이 든다. 우리가 쓰지 않던 전문용어들이 이해를 가로막는 것처럼 보이지만, 막상 알고 나면 별로 어렵지 않다. 그러나 암호화폐의 개념을 이해하려면 꼭 알아야 하는 용어들이니 시간을 내서 한번 읽어보자.

비트코인

    나카모토 사토시가 2009년 1월 3일 발표한 암호화폐다. 암호기술인 블록체인 시스템에 기반을 둔 화폐로 세계 최초로 개발되었다. 우리가 쓰는 법정통화와 달리 정부나 중앙은행 같은 발행기관이 없이 개인 간 분산 데이터 장부에 의해 거래할 수 있고, 유통량이 한정되어 있다.

P2P

'Peer to Peer'의 줄임말로 컴퓨터끼리 쌍방향으로 파일을 주고받을 수 있는 시스템을 말한다. 서버 같은 중앙 장치 없이 컴퓨터끼리 연결되므로 파일 이동이 매우 간편하다는 장점이 있다. 대표적으로 우리나라에서 인기를 끌었던 '소리바다'가 대표적인 P2P 형태의 시스템을 사용하고 있다. 물론 예전에는 불법적인 다운로드로 부정적인 인식이 있었으나, 기술 자체는 여러 컴퓨터의 자원을 공유하고 나눠 쓴다는 점에서 중앙 서버의 한계를 넘어설 수 있는 매우 유용한 기술이 되었다.

블록체인

최초의 암호화폐인 비트코인에서 처음 등장한 개념이다. 비트코인 외에도 모든 암호화폐는 블록체인 시스템을 기반으로 하고 있다. 비트코인과 같은 암호화폐는 블록체인의 블록을 찾아낼 때마다 보상의 개념으로 얻을 수 있는 암호화폐인데, 어느 블록이 발견되기 전까지 해당 블록에는 모든 사용자에게 오고간 거래내역이 기록되어 있다. 이 블록들이 모여 하나로 연결되는 것을 블록체인이라고 한다.

한편 암호화폐를 거래하면서 혹시 모를 부정한 거래를 막기 위한 기술이기도 하며 사용자들이 해당 거래를 자신이 보유한 거래기록으로 증명하기 때문에 공공 거래장부라고 한다. 따라서 위조가 사실상 쉽지 않고, 중앙 서버의 보안 시스템만 뚫으면 해킹이 가능했던 기존의 시스템과는 다르다.

블록체인은 transaction(전송), creating block(블록의 생성), chainning-ledger(거래 장부인 블록의 연결), propagation(전파)의 4가지 기능을 수행한다.

채굴

블록을 찾아내 비트코인을 얻는 것을 광산에서 금을 채굴하는 것과 비슷하다고 해서 '채굴(mining)'이라는 이름이 붙었다. 블록체인의 블록은 일정한 데이터인 암호화폐의 해시 함수로 되어 있는데, 컴퓨터로 이 함수를 푸는 것을 말한다. 이 함수를 풀면 하나의 블록이 생성되며, 암호화폐를 얻을 수 있다. 생성된 블록은 위에서 설명한 것처럼 여러 블록과 연결되어 블록체인을 이룬다.

트레이딩

거래를 의미한다. 비트코인 또는 다른 암호화폐들을 주식처럼 거래소에서 거래하는 것을 말한다. 누구나 적은 돈으로 많은 수익이 발생하기를 원하기 때문에 트레이딩을 통해서 더 많은 이익을 창출하려고 한다.

낮은 가격에 비트코인을 매수하고 높은 가격에 비트코인을 매도하는, 싸게 사고 비싸게 팔면 된다는 이론이다. 그러나 트레이딩이 어려운 이유는 변화하는 시세에 대해서 모두 100% 예상하지 못한다는 것이 문제다. 더 많은 이익을 보기 위함이지만 그만큼 높은 위험도 같이 가지고 있다.

Hash

해시는 임의의 길이의 데이터를 고정된 길이의 데이터로 변환하는 기능을 가진 암호화 알고리즘이다. 해시는 암호화 된 데이터에서 원래의 데이터를 알아내기 힘들다는 특징이 있다. 전송된 데이터의 무결성을 확인해주는 데 사용되기도 한다.

Digital signature

디지털 서명은 신호를 보낸 사람의 신원을 확인하는 방법이다. 신호를 보내는 사람이 자신만 알고 있는 비밀 키를 이용해 암호화 하여 메시지를 보낸다. 신호를 받은 사람은 보낸 사람의 공개된 키를 이용해 신원을 확인한다.

암호화 (Encryption)

암호화는 데이터를 전송할 때 타인에 의해 데이터가 손실되거나 변경되는 것을 방지하기 위해 변환하여 전송하는 방법이다. 대칭형 암호화 방식의 비밀 키 암호화기법(DES)과 비대칭형 암호화 방식의 공개 키 암호화 기법(RSA)이 있다. 암호화폐는 RSA 기법을 이용하는데, 공개된 키(public key)와 본인만 사용하는 비밀 키(private key)를 별도로 관리하기 때문에 암호화와 사용자 인증이 동시에 이루어지지만 알고리즘이 복잡해 속도가 느리다는 단점을 가지고 있다.

Smart Contract

블록체인 2.0에 새로이 추가된 기능으로, 제3자의 중개 없이 거래 당사자끼리의 계약 내용을 블록체인에 담을 수 있다.

비잔틴 장군의 딜레마

비잔틴 군대가 적군을 포위하고 있다. 각 장군(컴퓨터)들은 오로지 전령(데이터의 전송)을 통해서만 서로 교신할 수 있다. 배신자가 있다면 데이터가 훼손되거나 사라질 수 있다. 공동의 목표를 이루기 위해 장군들이 어떠한 규칙을 따라야 하는지에 대한 문제를 비잔틴 장군의 딜레마라 한다. 비트코인은 블록체인과 작업증명을 통해 이를 해결했다.

탈중앙

모든 탈중앙 암호화폐의 노드는 부분 또는 전체의 블록체인을 가지고 있다. 이것이 페이팔과 같은 시스템에서 필요로 하는, 중앙 집중형 데이터베이스를 가지고 있을 필요를 없게 한다. 블록체인은 그 본질 자체가 거래장부인 동시에 거래증서(수표, 영수증, 약속어음)이다.

해킹

비트코인을 해킹하는 것이 아니다. 비트코인을 거래하는 해당 거래소 사이트를 해킹하는 것을 의미한다. 비트코인은 블록체인 형식을 기반으로 하는 코인이기 때문에 모든 블록을 해킹하지 않는 이상 해킹은 발생하지 않으며 굉장히 철저한 보안성을 가지고 있다. 하지만 거래소를 통해서 거래를 진행하기 때문에 거래소가 해킹당하는 경우라면 문제가 발생할 수 있다. 때문에 비트코인을 저장하는 방법은 거래소에 비트코인을 가지고 있기보다는 자신만의 하드웨어 지갑을 통해서 보관하는 것이 가장 안전한 방법 일 수 있다.

하드웨어 지갑

암호화폐에 가장 걱정을 많이 하는 것이 바로 눈에 보이지 않는 돈이다. 라고 할 수 있다. 하지만 이 하드웨어 지갑은 이름 그대로 Hardware, 즉 '눈에 보이며 만질 수 있는 지갑'을 의미한다.(USB 형식에 보안시스템) 거래소에 비트코인을 보관하다 해킹당하는 것이 두렵다면 하드웨어 지갑을 장만하는 것도 좋은 보안을 유지하는 방법 중 하나다.

주요 암호화폐 거래소

'암호화폐 거래소'는 말 그대로 암호화폐를 거래하는 곳이다. 대한민국에서는 아직 관련 법률이 제정되지 않아 명확한 규제 없이 운영되고 있다. 이러한 사정은 대다수의 외국 거래소들도 마찬가지다. 일부 국가에서는 화폐로 인정하여 환전시 부가가치세(소비세)를 물리지 않는다는 점이 명확하게 판례(유럽연합)나 법(일본)으로 규정되었다.

국내

빗썸	https://www.bithumb.com/	거래량으로 세계 최대의 암호화폐 거래소다.
코빗	https://www.korbit.co.kr/	우리나라에서 가장 먼저 생긴 거래소다.
코인피아	https://www.coinpia.com/	국내 최초로 조건부 주문을 선보였다.
코인원	https://coinone.co.kr/	상대적으로 거래소 보안에 신경쓰는 모습을 보인다.
코인플러그	https://www.coinplug.com/	비트코인 한 가지만 거래한다. 신한카드와 국민카드 포인트를 활용할 수 있다.
유빗	https://www.youbit.co.kr/	야피존에서 해킹을 당한 후 이름을 바꿨다.
업비트	https://www.upbit.com/home	Bittrex와 제휴관계를 맺고 2017년 10월 오픈했다. 가장 많은 118종의 암호화폐를 거래할 수 있다.

해외

Poloniex	https://www.poloniex.com/	전 세계 투자자들에게 가장 많은 지지를 받는 거래소로 알려졌다.
Bittrex	https://bittrex.com/	다양한 암호화폐를 거래할 수 있는 곳이다. 국내 거래소인 업비트와 제휴했다.
Coinbase	http://www.coinbase.com/	미국의 암호화폐 거래소다.
OKCoin	https://www.okcoin.com/	가장 많은 거래가 일어났지만, 중국의 규제로 거래량이 줄었다.
Bitstamp	https://www.bitstamp.net/	세계 3대 거래소 중 하나다.
Bitfinex	https://www.bitfinex.com/	홍콩의 거래소로 최근 해킹 사건으로 홍역을 앓았다.

마치며

    이 책을 쓰는 목적은 서문에서도 말했듯이 비트코인을 비롯한 암호화폐에 대한 지식을 전하려고 하는 것만은 아니다. 또한 이미 시중에 나온 비트코인 관련 서적처럼 비트코인과 블록체인 시스템의 기술적인 이해를 도모하는 것도 아니다. 내가 이 책을 통해 독자 여러분께 전하고 싶은 것은 어쩌면 단순할지도 모른다. 내가 지난 2년여간 비트코인 투자를 진행하면서 만난 대부분의 사람은 비트코인에 관해 들어는 봤지만 잘 알지 못한 사람들이었다. 비트코인과 1:1의 관계를 전혀 만들지 못한 상태였다.

    나는 직접 비트코인과 여러 암호화폐 투자를 하며 이뤄낸 결과, 그간의 경험, 그리고 이해하기 쉬운 이야기를 전해 가장 쉽게 알 수 있는 비트코인 이야기를 하고 싶었다. 처음에는 나 역시 수많은 시행착오를 거치고 마음고생을 한 적도 많았지만, 이제 뒤돌아보니 복잡한 듯 보였던 그간의 과정들이 사실은 아주 단순한 내용들이었다는 것을 알았다. 단지 주변에서 조언을 해줄 수 있는 사람이 필요했다는 것만 빼고는 말이다.

나는 비트코인을 직업 채굴할 수 없어 비트코인을 얻는 여러 방법 중 하나로 채굴기 투자를 시작했고, 그렇게 얻은 비트코인을 거래소에 팔아 수익을 올려왔다. 그리고 그 수익으로 다른 암호화폐에 재투자하며 다양한 방법으로 시세차익을 얻을 수 있었다. 결국 내가 아는 방법은 이 방법뿐이다.

아주 단순한 흐름일지 모르지만, 그 결과 나는 10여 년 동안 운영했던 영어 학원을 접을 수 있었고, 시간과 돈 면에서 그전과는 비교할 수 없는 자유를 누릴 수 있었다.

나는 지금 행복하다. 돈이 많아서가 아니다. 지금까지 살아오면서 사람들을 도울 수 있는 작은 존재라도 되기를 바랐던 것이 조금씩 현실로 이루어지고 있기 때문이다. 내 주변의 사람들에게 생소했던 비트코인을 전했고, 모두 일정한 수익을 올리고 있어 새로운 꿈들을 꾸고 있고, 비트코인이 아니더라도 세상을 살아가는 사람들에게 작은 희망이 될 수 있는 사업을 구상하고 있기도 하기 때문이다.

나는 이 행복을 '작은 행복'이라고 부른다. 그리고 이 행복을 다시 여러분에게 전하고 싶다. 세상에 작은 이 행복을 여러분들에게도 고스란히 전해주고 싶은 마음이다. 하여, 부족하고 조악한 글 이지만 이 책을 쓰게 되었다.

나는 지금까지 약 1천 명 이상의 사람에게 내 경험을 전했다. 그리고 나는 그 사람들이 소박할지 모르지만 행복하다고 믿는다.

이제 내 목표는 5만 명의 사람에게 더 쉽고, 더 유익하고, 더 정확한 정보를 전해 나와 같은 행복을 느낄 수 있도록 돕는 것이다.

모쪼록 부족한 나의 글을 읽는 여러분의 마음에 행복이 가득 피어나기를 진심으로 바라며 글을 마친다.

시골영어선생,
비트코인 투자로
매월 1억 번다

초판 1쇄 인쇄 · 2017년 12월 15일
초판 1쇄 발행 · 2017년 12월 22일

지은이 · 구대환
펴낸이 · 이종문(李從聞)
펴낸곳 · ㈜국일증권경제연구소

등록 · 제406-2005-000029호
주소 · 경기도 파주시 광인사길 121 파주출판문화정보산업단지(문발동)
영업부 · Tel 031)955-6050 | Fax 031)955-6051
편집부 · Tel 031)955-6070 | Fax 031)955-6071
평생전화번호·0502-237-9101~3

홈페이지 · www.ekugil.com
블로그 · blog.naver.com/kugilmedia
페이스북 · www.facebook.com/kugillife
E-mail · kugil@ekugil.com

• 값은 표지 뒷면에 표기되어 있습니다.
• 잘못된 책은 바꾸어 드립니다.

ISBN 978-89-5782-120-6(03320)